世紀人物100

樂天詩雄

高莉莉　著

三民書局

獻給孩子們的禮物

主編的話

　　世界上最幸福的孩子，是他們一出生就有機會接近故事書，想想看，那些書中的人物，不論古今中外都來到了眼前，與他們相識，不僅分享了各個人物生活中的點滴，孩子們的想像力也隨著書中的故事情節飛翔。

　　不論世界如何演變，科技如何發達，孩子一世幸福的起源，仍然來自於父母的影響，如果每一個孩子都能從小在父母親的懷抱中，傾聽故事，共享閱讀之樂，長大後養成了閱讀習慣，這將是一生中享用不盡的財富。

　　三民書局的劉振強董事長，想必也是一位深信讀書是人生最大財富的人，在讀書人口往下滑落的多元化時代，他仍然堅信讀書的重要，近年來，更不計成本，連續出版了特別為孩子們策劃的兒童文學叢書，從「文學家」、「藝術家」、「音樂家」、「影響世界的人」系列到「童話小天地」、「第一次」系列，至今已出版了近百本，這僅是由筆者主編出版的部分叢書而已，若包括其他兒童詩集及套書，三民書局已出版不下千百種的兒童讀物。

　　劉董事長也時常感念著，在他困苦貧窮的青少年時期，是書使他堅強向上，在社會普遍困苦，而生活簡陋的年代，也是書成了他最好的良伴，他希望在他的有生之年，分享這份資產，讓下一代可以充分使用，讓親子共讀的親情，源遠流長。

　　「世紀人物100」系列早就在他的關切中構思著，希望能出版

孩子們喜歡而且一生難忘的好書。近年來筆者放下一切寫作,接下這份主編重任,並結合海內外有心兒童文學的作者共同為下一代效力,正是感動於劉董事長致力文化大業的真誠之心,更欣喜許多志同道合的朋友,能與我一起為孩子們寫書。

「世紀人物100」系列規劃出版一百位人物故事,中外各占五十人,包括了在歷史上有關文學、藝術、人文、政治與科學等各行各業有貢獻的人物故事,邀請國內外兒童文學領域專業的學者、作家同心協力編寫,費時多年,分梯次出版。在越來越多元化的世界中,每個人都有各自的才華與潛力,每個朝代也都有其可歌可泣的故事,但是在故事背後所具有的一個共同點,就是每個傳主在困苦中不屈不撓,令人難忘的經歷,這些經歷經由各作者用心博覽有關資料,再三推敲求證,再以文學之筆,寫出了有趣而感人的故事。

西諺有云:「世界因有各式各樣不同的人群,才更加多采多姿。」這套書就是以「人」的故事為主旨,不刻意美化傳主,以每一位傳主的生活經歷為主軸,深入描寫他們成長的環境、家庭教育與童年生活,深入探索是什麼因素造成了他們與眾不同?是什麼力量驅動了他們鍥而不捨的毅力?以日常生活中的小故事,來描繪出這些人物,為什麼能使夢想成真。為了引起小讀者的興趣,特別著重在各傳主的童年生活描述,希望能引起共鳴。尤其在閱讀這些作品時,能於心領神會中得到靈感。

和一般從外文翻譯出來的偉人傳記所不同的是,此套書的特色

是，由熟悉兒童文學又關心教育的作者用心收集資料，用有趣的故事，融入知識，並以文學之筆，深入淺出寫出適合小朋友與大朋友閱讀的人物傳記。在探討每位人物的內在心理因素之餘，也希望讀者從閱讀中，能激勵出個人內在的潛力和夢想。我相信每個孩子在年少時都會發呆做夢，在他們發呆和做夢的同時，書是他們最私密的好友，在閱讀中，沒有批判和譏諷，卻可隨書中的主人翁，海闊天空一起遨遊，或狂想或計畫，而成為心靈知交，不僅留下年少時，從閱讀中得到的神交良伴（一個回憶），如果能兩代共讀，讀後一起討論，綿綿相傳，留下共同回憶，何嘗不是一幅幸福的親子圖？

2006 年，我們升格成為祖字輩，有一位朋友提了滿滿兩袋的童書相送，一袋給新科父母，一袋給我們。老友是美國國家科學院院士，曾擔任過全美閱讀評估諮議委員，也是一位慈愛的好爺爺，深信閱讀對人生的重要。他很感性的說：「不要以為娃娃聽不懂故事，我的孫兒們一出生就聽我們唸故事書，長大後不僅愛讀書而且想像力豐富，尤其是文字表達能力特別強。」我完全同意，並欣然接受那兩袋最珍貴的禮物。

因為我們同樣都是愛讀書、也深得讀書之樂的人。

謹以此套「世紀人物 100」叢書送給所有愛讀書的孩子和家庭，以及我們的孫兒──石開文，他們都是世界上最幸福的孩子，因為從小有書為伴，與愛同行。

用詩歌拯救百姓的英雄
——書名的由來

　　白居易，字樂天，生於唐代宗大曆七年（772年），卒於唐武宗會昌六年（846年）。白居易一生中創作了許多膾炙人口的詩歌，是中國文學史上的偉大詩人，有許多人把白居易的詩歌當成學習的典範，更有人把白居易的為人處事作為效法的目標。因此，除了要知道白居易不凡的成就外，我們更應該進一步去瞭解白居易的一生，是怎樣的時代環境，怎樣的家世背景，造就這樣一位「樂天詩雄」呢？在本書中將會有詳細而且完整的介紹。

　　為什麼要稱白居易是「詩雄」呢？白居易處於中唐詩壇上最頂尖的地位，在當時不論走到何處，都可以聽見有人在吟誦白居易的詩歌，而且吟誦的人不僅是擅長讀書寫作的文人，就連和尚、商人，甚至是婦女或小孩，都會念上一兩首白居易的詩歌，可見白居易的詩歌在當時有多麼流行了！因為大家都十分欣賞白居易的詩歌，所以白居易的詩歌創作也帶動了詩壇上的流行風尚，成為文學史上的盛事。但這些並不是白居易最在意的事，因為白居易一生中最重視的是人民生活的問題，他時時刻刻想的都是：「要怎樣讓皇上知道施政的弊端呢？」「要怎樣讓朝廷知道百姓生活的痛苦呢？」「要怎樣才能讓人民過得更好呢？」因為有一顆關懷人民的心，白居易的詩歌中往往訴說了人民內心的苦痛，揭露社會的黑暗弊端，讓皇上

和朝廷都能得到警惕，造福了無數的百姓。白居易用詩歌來拯救人民，成為人民心目中的英雄，更為他在中國詩歌史上奠定了不可動搖的地位，所以我們可以稱白居易是中唐時代的「詩雄」。

至於「樂天」，不僅是白居易的「字」，更是白居易生活的座右銘。白居易年輕時懷有遠大的理想，所以當他踏入仕途後，更是盡忠職守，不畏艱難。但也因為這樣，不僅有一大堆官員不喜歡他的仗義直言，連皇上也不能體會他的苦心。當他被貶為江州司馬時，一聽到琵琶女彈奏美妙的樂音，還有她淒涼悲慘的身世後，白居易也不禁淚流滿面，大嘆：「同是天涯淪落人，相逢何必曾相識！」但是白居易從來沒有被充滿險難的環境所擊倒，他總是以樂天的態度去面對所有生活上的挑戰，遭受重重波折後，白居易的心胸反而更加豁達，心裡也更加平靜。他常和一些寺廟僧侶來往，也喜歡讀一些佛經，所以便稱自己是「香山居士」。此外，白居易非常喜歡喝酒、吟詩、出遊，從年輕一直到老都不曾改變，因此，白居易又說自己是「醉吟先生」。這些都是白居易在面臨挫折和艱困的環境時，還能秉持樂天的態度，又自得其樂的表現。

從這本書中，我們可以看到這位「樂天詩雄」意氣風發、成就崇高的一面，也能看到他自得自適、真情流露的一面。白居易一生高潮迭起的故事，值得我們大家細心探究！

跟著詩人去旅行──創作的歷程

　　這本書從訂題到成書，都是在趣味的探索中完成。每當看到白居易志氣壯大的說著他的理想時，我會想：「真是一個滿腔熱血、有抱負的好青年！」每當白居易在詩中對那些貪官汙吏提出嚴厲的諷刺時，我會想：「罵得好！這些人真可惡，目無法紀奪取百姓的財物，真是不知廉恥，該罵！」還有，當白居易被壞人誣陷時，我會想：「怎麼辦呢？有誰能拯救他呢！老天爺，請您幫幫他吧！」此外，我也很喜歡白居易和元稹這對好朋友，我常想：「哇！要是我也能交到一個如此知心的好友，那該有多好呢！」

　　更令我佩服的是，白居易雖然出身寒門，卻能憑著堅定的毅力出人頭地；面對危險的官場，他依然正氣十足。最重要的是，他當上大官後，對百姓的同情和憐惜之心還能始終如一，我想，如果官員都像白居易一樣，那麼我們的國家一定會更安定祥和！

　　撰寫這本書的過程中，我發現一位出身平凡卻有不平凡成就的人，藉由閱讀和寫作，我就像是跟著白居易去旅行，一起經歷他人生中所有的喜怒哀樂，直到他安然離開人世為止，對於白居易，我抱持著既尊敬又佩服的心。或許，白居易是不可能再活起來了，但是，白居易的精神會永遠流傳於後世，我相信每個人在看了這本書後，一定會和我有同樣的想法──白居易，他真是一位可敬又可愛的人啊！

咱們一起來吧！——請讓我把這份禮物送給你們！

歷時長久，這本書終於要熱烘烘的出爐了！

「好東西，要和好朋友分享！」雖然這本書並不是完美無瑕，卻因為有一位偉大人物的精神駐留在書中，所以它更值得大家用心來品味。就讓我把它當作一份禮物送給你們，也希望你們和我一同來分享。俗話說：「禮輕情意重。」我的情意就在那字裡行間，希望你們會喜歡這份禮物！

寫書的人

高莉莉

臺灣省臺北縣人。

她聽說古老傳說中最美麗的顏色，就是會發光的顏色。但這既不是星星，也不是月亮，更不是太陽的顏色。於是，她戴著冷光色的眼鏡，再穿起長長的披風，開始了一段神祕的「尋光之旅」。她一會兒上天，一會兒下海，終於在書中找到了一條條五彩光芒，這就是「最美麗的顏色」呀！她把五彩光芒編織成一座虹彩橋，通往每一個人的心裡，希望有朝一日，你也能來拜訪她喔！

樂天詩雄

白居易

772～846

1

可敬可愛的家人

文武兼備留青史
——白居易的誕生及家世

就在距今一千二百多年前的一個夜晚，大地像往常一樣寧靜，月光輕輕灑落在鄭州新鄭縣城外的一個小村莊。忽然間，「咻」的一聲，一顆耀眼的星子快速劃過天際，墜落在這個景色優美，民風淳樸，又富有人情味的小村莊中。這顆耀眼的星子便是後來名聞千古的大詩人——白居易。

唐代宗大曆七年（772年），農曆正月二十日，一陣響亮的哭聲從白家的宅院傳出——

「哇——哇——哇——」

白家上上下下都沉浸在歡樂的氣氛中，因為白家又多了一個

可愛的新成員！

　　抱著剛剛誕生的小嬰孩，白母臉上充滿無限的欣喜：「孩子的爹，你看這孩子的眼睛十分明亮，好像天上的星星，多麼惹人疼愛啊！你想我們該為他取什麼名呢？」

　　飽讀詩書的白父對著這個可愛的孩子，左看看，右看看，然後摸著鬍子頻頻點頭說：「這個孩子不僅不哭鬧，還十分平靜祥和，想必將來一定能有大作為！《中庸》說：『君子居易以俟命』。有德的君子安分守己，以等待天命的降臨，所以能過得安詳自在。希望這孩子將來也能成為一位有德的君子，我們就叫他『居易』好了！」

　　白母聽了這番話後，高興的對著懷中的孩子說：「居易，居易，真是個好名字！希望我們的居易將來能成為一位品德良好的

君子！」

　　由白居易的名中，可以看出父母對他的期望。後來白居易自己取字為「樂天」，則是用自《易經》中的「樂天知命故不憂」。強調知足之樂，無求於人的生活態度，也和父母對他的期許相符合。

　　白居易的先祖是戰國時代秦國名將白起，曾經率軍攻打韓、魏、趙、楚等國，是位英勇善戰的大將軍，被封為武安君。秦始皇為了紀念白起的英勇，就將

大家好！我是勤學好問的小黑，他是博學多聞的老白，我們來「黑白開講」囉！

小黑：「你說奇怪不奇怪，白居易，字樂天，又叫白二十二郎，自號香山居士，又號醉吟詩人，竟然有五種不同的稱呼！」

老白：「這你就不知道了！古人出生三個月後由父親取『名』；二十歲成年後才有『字』。『名』是供長輩稱呼或自稱用的，所以白居易的父母叫他『居易』；『字』則是平輩和晚輩為表禮敬之意而使用的，所以白居易的朋友稱他『樂天』。又因為白居易在堂兄弟中排行第二十二，所以稱『白二十二郎』。至於『香山居士』、『醉吟詩人』，則是白居易用來稱自己的『號』。」

「太原」這塊地分封給白起的子孫，所以白居易才自稱是「太原人」。後來白居易的祖父白鍠在河南府當縣令，因為新鄭這個地方物產豐富，人民又溫和善良，所以白家便決定在此地定居了。

白鍠任官清廉正直，因而遠近馳名，當地的百姓都十分敬仰他。一位在白鍠身邊做事的人說：「白大人謙恭有禮，待人親切誠懇，完全沒有做大官的架子，實在是個大好人！我記得他上次還誇讚我工作很認真呢！」

當地的居民也說：「對呀！對呀！常常有一些達官顯貴的公子哥兒們，故意找我們這些貧窮人家的麻煩，幸虧有白大人為我們伸張正義，將那些壞人繩之以法，我們才可以過好日子，這全都要感謝白大人！」

白鍠在白居易出生二、三年後病逝於長安，享年六十八歲。

他為人擇善固執，明辨是非，造福眾多的地方百姓，也成為後來白居易在仕途上所效法的好榜樣。

白季庚，是白居易的父親，也是白鍠的長子。白季庚擔任徐州的彭城縣令時，正值徐州爆發叛亂，叛軍用重兵守住城口，阻絕河水的運行，官員們都驚慌得不知所措，惟獨白季庚鎮靜的思考對付叛軍的方法：「現在最要緊的是，得先勸徐州刺史李洧歸順朝廷才行！」於是，白季庚馬上動身前往徐州勸說李洧。

李洧見到白季庚後，不僅態度非常不客氣，還暗自打定主意，不管白季庚說什麼，他都不會答應歸順朝廷。

但白季庚一進門，不僅沒有理直氣壯的訓斥李洧，還用誠懇的態度對李洧說：「李大人，我一向很敬佩您指揮軍隊的能力，也

很欣賞您豪邁的個性，認為您是有智謀而且能為朝廷效力的大臣，我相信皇上也是這樣想的。所以請您相信我，只要您肯歸順朝廷，幫助朝廷消滅這些叛黨，皇上一定會感念您的功勞，讓您將功贖罪！」

李洧原本以為白季庚會對他破口大罵，然而當他看到白季庚講話如此謙遜有禮，又聽到有立功贖罪的機會，李洧頑強抵抗的態度也一瞬間軟化了。李洧的表情由不屑漸漸變成和善，並且說：「長久以來，我領軍帶兵的能力一直得不到朝廷的重視，今日竟然能得到白大人的賞識，再加上有將功贖罪的機會……好吧！我就答應歸順朝廷，和白大人一起並肩作戰！」

白季庚說服了固執的李洧歸順朝廷後，立刻上奏京師，請求朝廷派兵援助。不料，卻遲遲等

不到朝廷的援軍，眼看著叛軍節節逼近，徐州即將陷入滅城的命運。白季庚將城中的官吏和民眾都集合在城下，他站在城中的高臺上，大聲對人民發動信心喊話：「各位徐州鄉親，我和你們一樣都想過安定的日子，不想成為敵軍的俘虜，雖然我們只有一千多人，但是，只要我們團結合作，一定可以守住家園，大家要堅持下去啊！」

原本害怕到全身顫抖的徐州百姓，一聽到白季庚要和他們一起死守家園，紛紛燃起鬥志，同聲回應：「白大人！請您放心！我們一定會團結合作，努力堅持下去的！」

叛軍見徐州官民如此團結，怎麼攻打都無法使他們投降，於是派更多人馬來攻城。白季庚和所有城民死守城池四十二天，即使早已精疲力盡，但他們誓死保

城的決心卻不曾動搖。就在城門即將被攻破的剎那，援軍終於來了！叛軍一見援軍勢力龐大，個個嚇得臉色發青，拔腿就跑，徐州城終於安然的被保住了！

百姓們見徐州城的情勢轉危為安，不斷的歡呼大叫說：「白大人，我們贏了！我們終於贏了」

白季庚也激動的對百姓說：「這都要歸功於你們的勇敢和團結啊！」

皇上為了嘉勉白季庚的功勞，於是便將他升官。後來白季庚因為政績優良，屢受讚賞和獎勵，直到六十六歲病逝於襄陽，當時白居易才二十三歲，而父親的智勇和忠誠早已深深影響了少年時代的白居易。

同心終老不相離
── 白居易的兄弟

唐代原本國力強盛，疆域廣

大，經濟和文化都十分發達，卻因為玄宗皇帝昏庸無能，任人不當，使得社會亂象頻生，爆發了「安史之亂」。歷時九年的「安史之亂」最後雖然得到平定，但各地的軍隊將領仍然不斷作亂，朝中宦官和黨派相爭的問題更是愈來愈嚴重，再加上朝廷對民間徵收繁重的賦稅，使得百姓紛紛破產流亡，無家可歸，而白居易的幼年時代，也深受連年戰禍的影響。

白家原來在新鄭，後來因新鄭時常有叛軍作亂，所以白季庚就帶著一家人遷居到徐州。只是

黑白開講

老白：「所謂『安史之亂』就是指唐玄宗天寶十四年（755年）時，安祿山、史思明等鎮守邊城的節度使，率兵作亂造反的事件。叛軍不僅攻陷洛陽，還進入長安城大舉殺掠，連玄宗也為了躲避戰亂而逃往四川，唐代的國勢從此由盛轉衰。」

小黑：「這麼嚴重的戰亂最後是被誰平定的呢？」

老白：「幸好有英勇的郭子儀和李光弼等人，率領唐朝大軍攻打叛軍，才在唐代宗廣德元年（763年）平定了這場亂事！」

戰亂的情勢不僅沒有減緩，反而更加擴大，所以白季庚只好再將家人送往越中避難。在越中避難的這段期間，白居易和家人都是依靠江南親友的援助才得以過活。

離開從小生長的家鄉及朋友，處在異鄉的白居易嚐到了思鄉的痛苦。他常在夜裡，望著窗外的星空嘆氣，腦海中浮現的盡是和家鄉兄弟們相處的歡樂畫面。恰巧某天，白家來了一位客人，正打算前往北方。白居易知道後，欣喜若狂的問那位客人說：「請問您會經過徐州嗎？可否請您為我帶封信給徐州的親友？我真的好想念他們，拜託您幫幫我好嗎？」

客人被白居易的熱情和真誠所感動，當下就說：「好啊！那你現在就把信交給我吧！」

但白居易此時卻又開始煩惱

了：「唉呀！我的思念如此綿密深長，一封書信又如何能盡訴呢？」

想來想去，白居易有了一個好點子：「好吧！那我就來試作一首詩吧！」

於是白居易心中的千言萬語，便化作了一首二十八字的七言絕句：

故園望斷欲何如？
楚水吳山萬里餘。
今日因君訪兄弟，
數行鄉淚一封書。

白居易此時只有十五歲，在他的詩中透露出對親人及兄弟深深的思念之情，還有難以排遣的濃厚鄉愁。

白居易的大哥名叫白幼文，遠在饒州的浮梁縣當官。每當要領俸祿時，白幼文就會寫信回家：「居易吾弟，母親和弟弟都過

得好嗎？我這裡剛領了一些米糧，你要快點來搬，可別讓母親和弟弟餓著了。我相當想念你，真希望能和你早日會面！」

從浮梁搬米還鄉的路程千里迢迢，一路上必須經歷高山險灘，穿過重重樹林，但白居易卻沒有任何怨言，因為他心中只是想著：「母親的病好些了嗎？弟弟有沒有飯吃呢？到底多久才能回到家呢？」想著想著，他便加快腳步，即使路上阻礙萬千，他仍然盡力一一克服。

當白幼文見到弟弟來了，馬上親切的上前迎接他：「居易，謝謝你幫我照顧母親和弟弟，讓身處異鄉的我少了一些擔憂。對了！聽說宣州近期內要舉辦鄉試，大哥知道你平常十分努力向

黑白開講
老白：「古代政府給官員的『俸祿』包括金錢和糧食，也就是我們現在所謂的『薪水』！」

學，你若參加考試，一定能金榜題名！」

起初，白居易心中還有點兒猶豫不決，但是白幼文卻一直鼓勵他：「我這裡有一些錢和米糧，你先拿回家給母親，之後再來我這裡，在準備考試的這段期間，我會負責照顧你的生活，直到你考試結束！」

白居易又考慮了一會兒，才答應了大哥的建議：「好吧！那我就去試試看吧！」

於是，白居易回家將母親和弟弟都安頓好後，便前往浮梁去

黑白開講

老白：「唐代科舉取士的管道有三：一是生徒，即是在官學與各地學館中成績優良的學生，在校考試合格後，便可參加省試。二是鄉貢，即是靠自己修習有成的人，可參加州縣的考試，合格後才能參加省試。三是制舉，即是由皇上親自主持的不定期考試。而白居易是屬於第二種。」

小黑：「考試通過就能當官了嗎？」

老白：「只有皇上親自挑選的人才能立即當官，其餘的人還要再經過其他考試才能當官！」

小黑：「當官還要經過層層考試，真是累人啊！」

投靠大哥。在準備考試的這段期間，大哥對白居易的照顧無微不至，白居易心中深記著這份恩情，所以日後當他擔任江州司馬時，便立即把大哥一家人都接來江州，照顧他們的生活起居。白居易對大哥懷著一顆感恩的心，因此兄弟兩人能在艱苦中互相扶持，甚至在大哥去世後，白居易也對大哥的孩子視如己出。

白居易有兩個弟弟，較年長的名叫白行簡，比白居易小四歲，和白居易一樣有很高的文才，後來也在朝中任官，他曾寫過一篇膾炙人口的傳奇小說〈李娃傳〉。白居易十分以白行簡為傲。

有一次，兄弟兩人在宮中相遇，白行簡正為一樁案件苦惱不已，因為案件的關係人是一位地方大官，他為了要脫罪，千方百計要賄賂白行簡，白行簡雖然沒

有接受，卻被這件事深深困擾。白居易一見弟弟面有憂色，不先問弟弟有什麼煩惱，反而向弟弟說：「行簡，我們兩人好久不見了，這樣吧！今天晚上你來我家，我們兩人好好喝一杯吧！」

白行簡沒有拒絕，當晚就到了白居易家中，只見桌上早已擺滿了豐盛的佳餚和美酒。白居易見弟弟來了，馬上請他坐下，兩人開始閒聊起來：「行簡，當你遠行去當官時，你知道我有多想你

黑白開講

老白：「〈李娃傳〉是寫長安妓女李娃，與刺史的兒子鄭生一見鍾情的故事。鄭生將赴京趕考的錢都花在李娃身上，誰知錢財散盡後，李娃的姥姥卻帶走了李娃。沒有錢的鄭生只能靠唱喪曲賺錢度日。鄭父知道後，氣得大罵鄭生：『你汙辱家門，還有什麼面目見我！』於是用馬鞭把鄭生打了一頓，便憤怒的離去，再也不理鄭生，最後鄭生只好淪落街頭當乞丐。一晚，鄭生坐在一戶人家門前，想起自己的不幸，他開始放聲痛哭，而李娃正好住在這屋內。李娃從哭聲認出了鄭生，覺得對不起鄭生，於是把鄭生接回家住，鼓勵他認真向學。後來鄭生考中狀元，與父親重新和好，李娃原本想默默離開，但因為鄭父的懇求，再加上鄭生的深情慰留，終於使李娃留下，從此過著和樂的日子。」

嗎？我很擔心你遇到困難的時候沒有人能夠幫你。不過，我想到你非常善體人意，又有過人的智慧，所以相信你一定能處理好每一樁案件。我們的先祖都是不畏強權邪佞的忠臣，所以你也一定會是個好官員！」

白行簡聽了哥哥的話後，恍然大悟，說:「對啊！我不僅應該效法先祖，二哥您更是我的最佳榜樣，從此以後我再也不被這些強大的勢力所困擾，我也要像您一樣秉持正義，勇往直前！」白居易聽了弟弟的話後，微笑的點點頭，然後二人才開始暢飲起來。

白居易總是教導弟弟為人處事的道理，並勉勵他要為國家效命。白行簡五十一歲時因病去世，白居易哀慟萬分，兩年後心情稍微平復，才動筆寫祭文悼念白行簡，並幫他編纂《白郎中集》，只可惜這本書現在已經失

傳，我們無法得知書中的內容。

白居易還有一個小弟名叫白幼美，小名金剛奴，九歲時不幸生病死亡。雖然白居易比他大十一歲，而且相處時間又不多，但是當白幼美死時，白居易依然是守在靈堂前，口中默念:「希望你在九泉之下能安息，以後再投胎當我的兄弟吧!」話中也顯現出白居易對這份短暫的兄弟之情的遺憾與不捨。

白居易把對兄弟的手足情深，擴展至對朋友、同事，甚至對一般老百姓，他都能以真性情和同理心來對待，處處為他人設想，所以獲得了廣大民眾的信賴與愛戴。

情深義重共貧賤
——白居易的母親、妻子、兒孫

白居易的母親陳氏是縣尉陳潤的獨生女。陳氏雖然八歲喪

父，但家教極佳，賢淑守禮，所以親戚們都對這個女孩讚賞有加。陳氏十五歲時和四十一歲的白季庚結婚，在現代看來或許是「老少配」，但在傳統社會中卻是稀鬆平常的事。陳氏嫁進白家後，侍奉公婆極盡孝順，也費盡心思教導孩子，成為當時「賢妻良母」的模範。每到深夜，白家依舊燈火通明，紙窗上依稀浮現出慈母教子的影像，街坊鄰居都盛傳：「白家的母親真是慈母兼嚴師，將來她的兒子們一定都能成大事！」

陳氏既溫柔又細心的引領孩子學習做人處事的道理，這也是白家兄弟個個都能成材而有所作為的原因。

但是，陳氏患有嚴重的心痛症，在白季庚死後，陳氏因為過度勞累，身體變得更加虛弱，後來甚至變得有些瘋狂而常鬧自

殺。憲宗元和六年（811年），陳氏竟趁大家不注意時往井裡一跳，結束她被病魔折磨的苦日子，得年五十七歲。

陳氏死後一個月，白居易仍然悲痛不已，所以他時常走到戶外去散心。一日，當他如往常般在幽靜的園林裡漫步時，無意間聽到一陣悽切的鳥叫聲，抬頭一看，才發現樹上有一個鳥巢，巢裡有幾隻小烏鴉正在啾啾哀鳴，白居易心想：「這幾隻小烏鴉為什麼發出如此淒厲的叫聲呢？我來看看這是怎麼一回事！」

於是白居易悄悄爬上樹的一端，他看見鳥巢的最底端竟然躺著一隻大烏鴉，這隻大烏鴉動也不動，看來早已死去，而其他小烏鴉都圍在這隻大烏鴉的周圍不停的哀鳴。一見到這種情景，白居易就知道發生什麼事了，他心想：「人家說烏鴉是孝鳥，果然一

點兒也沒錯。這隻死去的大烏鴉想必是牠們的母親吧！聽這些小烏鴉的叫聲如此淒厲，我想應該是牠們無法忘記母親的關愛之情，所以才會哭得如此傷心吧！相傳小烏鴉長大後，會反哺無法覓食的老烏鴉，而今牠們的母親已死，牠們再也無法盡奉養之行，又怎麼能不哀鳴呢！牠們這種孝順的行為就像是聖人曾參一樣，值得後人敬佩！反觀古代有個叫吳起的人，連母親死了他都不回去奔喪，真是比這些鳥獸還不如啊！」

　　孝順的白居易把思念母親的

黑白開講

老白：「曾參是春秋時代魯國人，也是孔子的弟子，事親至孝，傳說曾參母親有事找他時，只要一咬手指，曾參就會感到心痛，馬上趕回來看母親，後來曾參還被列入二十四孝中呢！」

小黑：「吳起則是戰國時代衛國人，一心立志要當大官，卻花光了家中財產，當他要離家的時候，他咬著自己的手臂發誓說：『我若不當上卿相，就絕不會再踏入家門一步。』連他母親死了，他也沒有回來奔喪，大家都覺得他是一個不孝子，因而看不起他。」

悲痛心情和當日所見的情景寫成了一首詩，名為〈慈烏夜啼〉。這種失去母愛又無法奉養母親的辛酸，沒有情義的人又怎麼能體會呢！

　　白居易的妻子楊氏，是他的好友楊汝士的妹妹。白居易三十七歲與楊氏結婚，當時楊氏還只是一位年輕的少女。楊氏不識字，白居易有空時就會教她讀書寫字。有一次，白居易正在教楊氏寫字，楊氏卻隨手從書桌上拿了一張白居易的詩作，她好奇的問白居易說：「這張紙上寫什麼呀？可不可以請夫君解釋給我聽呢？」

黑白開講

老白：「白居易的〈慈烏夜啼〉內容是這樣的：『慈烏失其母，啞啞吐哀音。晝夜不飛去，經年守故林。夜夜夜半啼，聞者為沾襟。聲中如告訴，未盡反哺心。百鳥豈無母，爾獨哀怨深。應是母慈重，使爾悲不任！昔有吳起者，母歿喪不臨。嗟哉斯徒輩，其心不如禽！慈烏復慈烏，鳥中之曾參。』怎麼樣，很容易理解吧！」

　　白居易帶著深情的眼神，用溫柔的口吻說：「這首詩是說——我活著的時候要和妳互相扶持，死後也要和妳埋葬在一起永不分離。只要有妳陪伴在我身旁，又何必要吃得好、穿得好呢？擁有妳，我就是這世界上最幸福的人，我要和妳白頭偕老，這就是我倆今生今世的約定！」

　　楊氏聽了白居易的話後，嬌羞得滿臉通紅。自此以後，她對白居易的照顧更是無微不至，當天氣一變冷，她就馬上為白居易添衣；當白居易獨自喝酒時，她也會陪他小酌一杯，種種體貼都讓白居易感懷在心。雖然唐代社會有蓄養歌妓的習慣，白居易也非常喜歡聽歌妓唱歌，但白居易最喜歡的仍是妻子楊氏，即使妻子沒有為他生兒子，朋友也勸白居易說：「白兄，我看你常常為了沒有兒子的事而煩惱嘆氣，你為

何不乾脆娶妾就行了，相信大嫂不會反對才是！」

但白居易卻堅決的拒絕朋友的建議，並回答說：「要我娶妾，這是不可能的事！我的妻子對我情深義重，在我窮困的時候仍舊對我不離不棄，我不能讓她過好日子已經很對不起她了，又怎麼能娶妾來傷她的心呢！」白居易對妻子的真情就在這段話中表露無遺。

憲宗元和四年（809年），白居易的長女金鑾子出生，年近四十第一次嚐到當父親的滋味，白居易非常高興，可惜金鑾子三歲就夭折了，這使得白居易有很長的一段時間都沉浸在痛失愛女的悲苦中。憲宗元和十二年，次女羅子出生。羅子從小就聰明伶俐，兩歲時會拿筆學母親畫眉的樣子，有時還會捧著書本模仿父親吟詩的樣子，一舉一動都十分逗

趣，讓白居易的眼睛一刻也離不開這個可愛的小女娃。等到羅子二十歲時，白居易將她嫁給監察御史談弘謨，生了一個女兒名叫引珠，一個兒子名叫玉童，白居易把對羅子的愛也加諸在這兩個孩子身上，尤其因為白居易沒有兒子，所以他更是疼愛玉童！有一天，白居易恰巧經過玉童的房間，看見幼小的玉童正專心的在讀書，白居易順道就進入玉童的房內，親切的問玉童：「我可愛的小金孫，你已經會識字念書了，好棒哦！告訴外公，你最喜歡看什麼書呢？」

玉童天真的看著外公，然後用稚嫩的聲音說：「我最喜歡外公的詩！希望有一天也能成為和外公一樣的大詩人！」

玉童說完話，便投入白居易的懷抱中，而白居易也開心的撫摸著玉童的頭說：「好！好！好！

你真是一個好孩子，我的詩文以後就要交給你囉！」

白居易晚年時把自己的詩文都交給談閣童，也就是玉童，由此可見白居易對玉童的重視。

白居易的家人讓他在官海浮沉中，即使遭遇挫折、風波不斷，還能感受到溫暖，幸福美滿的家庭就是支持白居易勇往直前的充沛力量。

2 勤學上進的好青年

始識之無文才高
—— 幼年識字

　　白居易出生於書香世家，年幼時就展現了與眾不同的文才。在一個秋高氣爽的下午，奶媽抱著六、七個月大的小白居易在家中安閒的走著，不知不覺來到了書房。奶媽一面逗弄著小白居易，一面就順手指著屏風上的字說：「二少爺，你知道這是什麼嗎？這就是『之』字。」

　　小白居易眨眨他的大眼睛，專心看著這個字，看了好長的一段時間。奶媽看到小白居易那麼專注的眼神，反而笑了起來說：「這個孩子看字看得如此入神，難不成他看得懂？那我就來試看看吧！二少爺，哪一個是『之』

字，可不可以指給奶媽看啊?」

還未學說話的小白居易毫不猶豫的舉起他的小手，不偏不倚的就落在屏風上的「之」字。奶媽感到十分驚訝，但又覺得可能是巧合，心想:「『之』字或許太簡單了，這次換個筆畫較多的。二少爺，你看，這個是『無』字。」

小白居易同樣眨眨他的大眼睛，這次奶媽還沒發問，小白居易就迅速指出「無」字。

奶媽心想:「不可能！哪有年紀這麼小的孩子就會認字！我再試一次，這次就同時考他兩個字好了，看他還能不能指出正確的字來！二少爺，哪一個是『之』字，哪一個是『無』字?」

小白居易快速又正確的指出「之」字和「無」字。奶媽按捺不住心中的驚喜，大聲喊叫:「老爺，夫人，你們趕快來看，我們

家出了個神童啊！」

白居易的父母起初不相信奶媽的話，白季庚還說：「六、七月大的小孩會辨識字，這我從來也沒有聽說過！奶媽，我知道妳很疼居易，對他期望很高，雖然他比其他小孩都還要乖巧，但畢竟也只是個小孩而已！妳就不要和我們開玩笑了！」

奶媽急忙澄清說：「老爺、夫人，我沒有騙你們，二少爺真的是神童，不信你們看！」

於是奶媽在白居易的父母面前試了好幾回，而小白居易都能正確無誤的將字指出。陳氏看到這種情形，既驚喜又感動，她伸出手來摸摸小白居易紅嫩的臉蛋，然後對著他輕聲的說：「我們家的小居易真聰明啊！媽媽希望你平平安安的長大，以後也能成為社會上有用的人！」

白季庚也說：「小居易啊！不

管你是不是一個神童，你都是我心目中最可愛又最乖巧的小孩！」

就這樣，白居易的父母和奶媽三個人，一起圍繞在小白居易的身邊，開心的逗起小白居易來，大家有說有笑的度過了一個愉快的下午。而「始識之無」的成語也伴隨小白居易的成長而產生了。

父母親見白居易從小就這麼聰明，於是在白居易五、六歲時就開始教他讀書、寫字、學作詩；九歲的白居易已經懂得作詩要如何押韻才能琅琅上口，有時遇到一些不識字的農民，白居易還會熱心的幫忙他們，讀一些書信給他們聽，大家都非常喜歡聰慧的白居易。雖然白居易幼年時

老白：「『始識之無』是指開始識字的意思；而『不識之無』是說人不識字的意思；至於『略識之無』則是指識字不多的意思。」

常因為戰亂被迫離開家鄉，投靠親戚，而白家又不富裕，無法讓白居易過著豐衣足食的生活，但種種的挫折和阻礙，都無法打倒白居易旺盛的求知慾和努力學習的精神，所以白居易才能不斷的進步，獲得耀眼的成就。

埋首讀書志向堅
——少年苦讀

到越中避難的白居易，在戰事稍微平息的時候，就隻身前往江南，此時他正是十五、六歲的少年。當時蘇州刺史是大詩人韋應物，杭州刺史則是風流瀟灑的房孺復。他們常常邀集賓客宴遊，所以身邊聚集許多當時頗具名氣的文人。有一天，白居易和朋友經過韋應物及房孺復兩位大人舉辦宴會的場所，這兩個少年好奇的把頭往門內探去，只看到一群文雅的讀書人聚在一起，正

在飲酒、作詩，感覺十分閒逸。白居易看著看著，竟然忘神的朝著大門想要走進去，此時一旁的友人抓住了他：「你別傻了，這裡不是我們可以進去的地方，我們回去吧！」

白居易頓時回過神來，只好依依不捨的離開，但那份傾羨之情卻深深烙印在他的心中。夜晚，回到家中的白居易除了照常祈求上天要保佑他的父母和兄弟，也悄悄許下一個願望：「總有一天，我也要像蘇州韋大人和杭州房大人一樣舉辦詩酒宴會，讓志同道合的朋友都來參加！」

為了更接近夢想，白居易決定前往長安，一步一步向科舉考試的路程邁進！長安除了有繁華的景象外，更有許多和白居易一樣的文人才子，想來這裡增廣見識，結交當時的名人。當時詩壇上名氣頗盛的顧況也住在長安，

有許多想求得功名的文人都拿自己的詩作來拜訪顧況，希望得到顧況的讚美，增加考試被錄取的機會。白居易和那些心存僥倖的文人不同，他希望得到顧況真心的讚美，於是他鼓起勇氣，拿著自己的詩作，戰戰兢兢的往顧府前去。白居易一向顧況自我介紹說：「顧大人您好！晚輩名叫白居易，今天帶來一些拙作，懇請大人批評和指教，讓學生知道不足處並加以改進。」

當顧況看到詩卷上寫著「白居易」三個字，再抬頭看看白居易，突然笑著說：「你叫白居易嗎？長安雖然十分繁華，但物價非常昂貴，你想在這裡安穩的『居』住下來，可不是一件容『易』的事呢！」

說著說著，顧況就打開白居易的詩卷，才看了第一首詩的前四句：「離離原上草，一歲一枯

榮。野火燒不盡，春風吹又生。」顧況馬上露出驚訝的眼光，大聲讚美白居易說:「好一個『野火燒不盡，春風吹又生』，寫得實在太好了！太好了！能夠寫出這樣的好詩，想要在長安居住，是十分容易的事啊！」

　　顧況一改剛才對白居易輕視的態度，還將他的詩作拿給在場的其他大人欣賞，大家都對白居易的文才讚賞不已，但是白居易並沒有因此變得心高氣傲，反而待人處事更加謙卑，學習也更加認真。他的手因為拿書和寫字都被磨破皮了，還長出一層厚厚的繭；他的嘴則是因為常常誦讀經書，吟詠詩句，不只破皮而且還潰爛成瘡，這種用功努力的精神，實在值得我們敬佩和學習！不過白居易因為長年用功讀書，忽略了要照顧身體，所以常常病痛纏身，這也困擾了他一生。所

以～請記得！再怎麼用功讀書，也要好好保健自己的身體喔！

一舉成名天下知
—— 三登科第

白居易二十三歲時，父親白季庚去世，兄弟三人都回鄉守喪三年。後來白居易到宣州參加鄉試，此時他二十七歲。鄉試對認真的白居易而言，只是一個小小的試驗，所以他很快就順利通過鄉試，被派往長安參加進士科考試。

進士科的考試競爭非常激烈，很多文人為了考中進士，一再重考，有的甚至從年輕一直考到滿頭白髮都還無法考中。另

黑白開講

小黑：「老白，古人守喪要三年，不會太久嗎？」
老白：「所謂三年之喪並不是整整三年。唐代對守喪時間有兩種說法：有的主張二十七個月；有的主張二十五個月。兩者都是兩年再多幾個月，並沒有滿三年，所以『三年』只是概稱而已。」

外，也有人不光明正大的參加考試，反而不停溫卷、找主考官說情，這種情形在唐代非常盛行。

一天，白居易和朋友正在飯館用餐，無意間聽到隔壁桌的富家子弟正在商討如何賄賂主考官的事。一個穿戴珠光寶氣，舉止卻十分粗魯的富家子弟面露奸笑的說：「我家有錢有勢，只要我父親拿一些金光閃閃的元寶出來，相信主考官一定會給我好成績！」

黑白開講

老白：「唐代科舉考試科目有很多種，其中又以『明經』和『進士』科最盛行，因為明經科較容易考中，而進士科較難考中，所以當時有『三十老明經，五十少進士』的諺語，就是說三十歲才考中明經科算是很老了，而五十歲考中進士科還算是年輕的呢！可見考中進士的人必定都是頂尖優秀的讀書人。」

小黑：「哇！聽起來比考大學還難！幸好我不是古人，不然可能會考到一百歲都無法中進士！對了！什麼是『溫卷』啊？難道古代的考試卷要先溫熱才能用來考試嗎？」

老白：「當然不是啦！『溫卷』是指士人考試前不斷的拿自己的詩文請求名人的好評，有人還會奉上大筆金錢，希望買通考官增加上榜的機會！」

小黑：「這種人真不知道廉恥！希望這種歪風不會在現代社會中發生。」

　　和白居易一同行的寒門考生見狀，竟然露出了欣羨的眼神說：「白兄，你看那些有錢人真好，不用準備考試，就能輕鬆得到好成績，要是我們也能像他們一樣，那該有多好啊！」

　　白居易聽到這番話後，立即正義凜然的回答說：「你怎麼可以有這種想法呢！我們雖然出身寒門，但不能沒有骨氣！因為出身不好，我們更應該要勤學向上，才能得到好的成績。」

　　話一說完，白居易就起身離去，連飯也不吃了。

　　經過激烈的競爭後，白居易終於脫穎而出！德宗貞元十六年（800年），二十九歲的白居易以第四名的成績考中進士，是同榜考上的十七人中年齡最小的！接受皇上的賜宴後，這些新科進士一齊來到長安曲江北面的慈恩寺謝恩。遊玩之餘，白居易突然心血

來潮，在慈恩塔下寫了：「慈恩塔下題名處，十七人中最少年。」這句話說出了白居易的自得，也證明了白居易的努力終於開花結果了！

考上進士後，白居易更加用功讀書，德宗貞元十八年，白居易順利通過吏部考試，與他同榜考中的八人，其中一人成為他一生的好友，那就是小他七歲的元稹。次年春天，白居易任校書郎，負責整理圖書的工作。有固定的工作和收入後，白居易就把母親從鄉下接來同住，在下邽買了一間房子。下邽離長安約一百里，風景明媚秀麗，白居易有時還會自己泛舟，享受自然的生活樂趣。但這樣悠閒的日子並不能滿足白居易的雄心壯志，有一次，白居易和元稹相約出遊，正當兩人在欣賞山水美景時，突然間，一股憂愁的情緒湧上了白居

易的心頭，白居易說：「唉！這種日子雖然十分清閒，但卻容易消磨人的鬥志，我似乎還有很多理想還沒達成呢！」

元稹聽了白居易的話後也心有同感的說：「我的想法和樂天兄一樣，不如我們乾脆辭去現在的職位，專心致意追求我們的理想吧！」

白居易大表贊同說：「好啊！那我們就一起讀書，再一起去參加考試吧！」

隔天，白居易和元稹立刻辭去校書郎的職位，一同借住在長安城外的華陽觀中閉戶讀書。白居易對元稹說：「我們可以一起看書，也可以互相出題來考對方，你說好嗎？」

元稹十分開心說：「這個主意真不錯！那考不好的人要被處罰喔！」

白居易也說：「好啊！我舉雙

手贊成！」

　　就這樣，他們相互考試問答，把所有考試的內容都溫習得滾瓜爛熟。四月，白居易和元稹同時考中制舉考試，元稹考了第三等，擔任諫官，而白居易卻因文章用辭太剛直，招致主考官的不滿，所以列入第四等，授盩厔縣尉，負責協助縣令管理地方治安等事宜。

　　這十年來參加進士科、吏部考試、制舉考試，白居易都順利通過，這就是白居易求學路中最風光，也是他最引以為傲的「三登科第」，由此證明了即使家境不富裕，只要肯用心努力向學，必定也能「所向無敵」。

老白：「山曲折叫『盩』，水曲折叫『厔』。」
小黑：「可見盩厔一定是個山水曲折的地方。」

雄心萬丈的
仕途之路

大鵬展翅欲高飛
── 初入仕途

　　盩厔雖是個偏僻的山城，但山光水色，有如圖畫般引人入勝，所以閒暇時白居易也會和許多好朋友一同出遊，觀賞山水，吟唱作詩。有一回，他和朋友一同去爬山，忽然聽見朋友大喊：

　　「哇！你們快來看看，這泥池中竟然長出一朵這麼美麗的蓮花，而且散發著高雅的氣息，比其他生長在清水中的蓮花有更堅強的生命力，真是不簡單啊！」

　　白居易和其他人一起圍了過來，但是當他看到蓮花後，卻用憐憫的口氣說：「蓮花啊！蓮花啊！妳的姿態如此美麗，卻長在泥池中，不久後就會獨自枯萎，

又有誰可以知道妳心中的悲哀呢?」

朋友聽到白居易的話後,滿臉驚訝的問白居易:「樂天兄,難道你不喜歡這朵美麗的蓮花嗎?」

白居易只是嘆了一口氣,因為此時他心中想的是:「我現在就像這朵蓮花,即使有再遠大的抱負,也不會有人知道,說不定我會像這朵蓮花一樣,在此地終老一生,又有誰能知道我的心事呢?」

儘管擔任盩厔縣尉並不是白居易的理想,但他依然盡力完成自己分內的工作,尤其更關心農民的生活。有一次白居易到田裡視察,正值麥收的農忙季節,一陣南風吹起,麥田起了層層波浪。此時,有許多婦女帶著稚齡的小孩往田裡來,婦女手持熱騰騰的飯菜,小孩則隨身佩帶一壺茶水,他們正要給在田裡辛苦工

作的男人送午飯。這些男子頂著烈日在田裡割麥，全身上下都受到暑氣的薰蒸，每個人都汗流浹背，膚色也曬成古銅色。但是他們早已把炙熱的痛苦都拋到九霄雲外，因為他們最大的目標是要趕快收割這些黃澄澄的麥穗。

接著，白居易又看到一個瘦弱的婦人抱著剛出生不久的嬰兒站在田邊，嬰兒不時發出「嗚嗚」的哭聲。婦人左手拿著破籃子，右手則努力將田中遺落的麥穗裝入籃中。白居易被這種情景所吸引，於是向前詢問：「這位大娘！妳怎麼帶著那麼小的孩子在此地撿拾麥穗呢？」

婦人嘆了口氣，搖搖頭說：「唉！這都是政府不瞭解我們的痛苦，硬要我們負擔龐大賦稅的後果啊！我們家中為了要繳稅，已經把家中僅剩的田都賣掉了，我只好來這裡撿拾他人遺落在田

中的麥穗，靠這來維持我們一家老小十餘口的生活。我的命實在是好苦啊！為什麼政府要像豺狼般吞食我們這些無辜可憐的老百姓呢？為什麼我的小孩每餐都要忍受飢餓之苦呢？有誰能夠告訴我呢？」婦人一面講，一面用襤褸的衣袖拭淚。

白居易聽了後，也不禁淚流滿面，心中感到無限傷痛與愧疚：「唉！我身為一位官員，不用辛苦耕田就有俸祿可拿，每年還會有剩下的米糧。如今看到這些為了生活而辛苦工作的農民，常常為了要繳稅，連飯都沒得吃，我又怎麼能不感到愧疚呢？從今以後，我一定要更加努力的為這些百姓爭取他們應該享有的福利，減輕他們的憂勞，這樣才不會愧對這些辛苦工作的農民！」

白居易把這件事寫成了有名的詩歌〈觀刈麥〉，也警惕自己

從今以後要更努力為百姓謀福利。不久後，白居易就因為政績良好，被升為左拾遺，也就是他長久以來夢想要擔任的諫官職位。

盡忠職守除罪惡
—— 任左拾遺

白居易終於獲得他夢想的職位——左拾遺，專門負責對違法失職的官員提出控訴，並提供意見給皇上。因為這是白居易最想擔任的官職，所以他竭盡心力，發揮所能，即使因此招惹許多人對他不滿，他還是毫無畏懼。

有一次皇上策試舉人，以牛僧孺為首的一群考生在試卷上寫出朝廷許多極待改善的弊端，而且文情並茂，措辭剴切，因此被

黑白開講

老白：「〈觀刈麥〉的『刈』字，就是割的意思；『刈麥』，就是指割麥。」

主考官取為上等，皇上也非常欣賞這些作品，並授予這些新進舉人不錯的官職，還打算日後要重用他們。當時的宰相李吉甫為人奸詐狡猾，他怕這些新進的舉人會搶走他的權位，所以故意裝著一副憂心忡忡的神情向皇上說：「皇上，恕微臣斗膽稟報，這次考試其實是一樁陰謀啊！」

皇上一聽到「陰謀」兩個字，大為震驚的說：「是誰？是誰有這個膽量在朕的背後設計陰謀？」

李吉甫走到皇上面前說：「皇上，您有所不知啊！被錄取為上等的舉人和朝廷大官都有親戚關係，所以就算他們在文章中一直暗批皇上您的不是，還是被主考官取為上等，這全是靠關係錄取的啊！請皇上一定要明察！」

皇上聽到這番話後，火冒三丈的說：「把這些新進舉人都給我

貶官！」

此時一旁的白居易一見到這種情景，馬上對皇上說：「皇上，事實並不是如李宰相說的那樣。這些人會指出您的不對之處，完全是出於一片忠誠和愛國之心，請皇上一定要體諒他們啊！微臣覺得皇上不只要重視他們的意見，還要將他們升官才對，不然以後還有誰敢對您說真話呢？請皇上務必要三思！」

可惜皇上並沒有接納白居易的諫言，還是將相關人等都貶官了。這次白居易的進諫行動也讓朝廷裡的人，尤其是李吉甫這一派的人，都對白居易這個不畏強權的人恨得牙癢癢的！

憲宗元和四年（809年），節度使裴均明知道皇上因為百姓生活貧苦，社會動盪不安，降旨禁止進奉，但他仗恃自己有強勢的宦官當靠山，還是故意進奉銀器一

千五百多兩。裴均用他那又薄又紫的雙唇向皇上說:「皇上,這是微臣的一點心意,希望皇上收下!」

皇上也沒有考慮太多,就將全部的銀器都收下。白居易知道後,立即上奏:「皇上,您曾詔告天下不可以再進奉物品,而裴均竟然敢藐視聖旨,故意試探皇上是否會依法行事。您如果收下這些銀器,就無法取信天下,管理四方臣民,以後再也不會有人相信您的話。請皇上千萬不能收下這些銀器啊!」

皇上聽了白居易的話後,慎重的想了一下,點點頭說:「愛卿說得對極了!一個普通人如果沒有誠信,就無法在社會上立足,更何況朕是一國之君!傳令下去,將裴均進奉的銀器全部退還回去。」

裴均氣得吹鬍子瞪眼,卻無

法對付白居易。這次的進諫成功，讓白居易增加許多信心，他相信皇上是賢明的君主，可以接納他的諫言，所以往後的日子裡，他的諫言更加犀利，炮火也更加猛烈。只是他雖然揭發了許多弊端，造福了社會，卻為自己樹立了許多敵人，連皇上也開始對白居易感到不滿了。

　　白居易擔任盩厔縣尉時，曾親眼看見貧苦的百姓為了繳稅，連三餐都沒得吃，如今他有能力將這些事情稟告皇上，他當然會不遺餘力去做。最近幾年稻作豐收，導致米糧過剩，穀物一下子都變成賤價的物品。為了不讓農民的辛苦白費，朝廷便下令各地方政府出錢收購賤穀。一日，白居易在街上看到一群官差拖著一位衣衫破爛不堪的老農民，老農民還一直哭喊著：「冤枉啊！冤枉啊！」

　　白居易好奇的上前探問：「請問官差先生，你們為什麼要抓這位老農民呢？」

　　老農民等不及官差回答，就先放聲大哭說：「這位老爺啊！請您為我評評理，不是我不讓政府收購我的穀物，實在是因為政府收購穀物就像是收稅，設定期限並嚴加催討，不僅收購的價錢十分低，有時還不給錢，只給我們幾匹賤價的布，然而我們拿到這些布，還要再轉賣給別人才能收到錢，這樣一來又要被商人剝削，損失更嚴重，所以我們寧願讓穀物腐壞也不願意拿來賣給官府，這完全都是不得已的啊！」

　　白居易聽到後，很為農民的處境感到可憐，他對老農民說：「這位老伯，就讓我用比政府高一倍的價錢收購你的穀物，然後再把穀物繳回給政府。可以嗎？」

　　接著，白居易又轉身向官差

說：「既然這位老伯已經答應把穀物給政府了，那你就放了他吧！」

官差遵從白居易的話，放了老農民。老農民十分感激白居易，不停的向白居易鞠躬道謝，並且說：「如果朝廷的官員都像老爺您一樣，那麼貧窮人家就不會再被欺負了！」雖然白居易並不覺得自己做了什麼偉大的事，但此日的情景卻深深烙印在白居易的心中。

白居易回到朝廷後，立刻將這種情形稟報朝廷，然而這件事還沒有傳到皇上那裡，就已經招致其他官員的不滿，所以半途就被阻止了。其實只要能讓皇上了解政策的優缺點，即使要白居易苦口婆心的說上一百遍、一千遍，白居易都願意做，他最擔心的是皇上根本不聽，就一口拒絕，而他最不願意見到的事，卻往往最常發生。有一次，皇上還

氣呼呼的對身邊的大臣李絳說：
「白居易這小子出言不遜，常常惹我生氣，必須要讓他趕緊離開朝廷才是。」

李絳則回答說：「皇上您千萬不要這麼說，白居易竭盡所能，無所隱瞞，您應該要好好獎勵他，並且聽取他的諫言，這樣才能成為一位聖明賢德的君主。」

皇上慎重的想過後，也覺得有道理，所以就放過了白居易。等到左拾遺任期一滿，皇上立刻對白居易說：「朕知道你的能力很好，所以這次就任你自己選擇想要擔任的官職吧！」

在別人的耳裡聽來，皇上這番話無疑是一種天大的恩寵，然而白居易心知肚明，皇上是有意要他不再擔任左拾遺的職位，所以白居易就順著皇上的心意說：
「微臣母親年事已高，又多病痛，微臣因為忙於政事，沒有時

間照顧母親，也沒有機會向母親進奉湯藥，實在不孝。因此，微臣斗膽請求皇上給微臣一個俸祿較多的職位，微臣一定會衷心感激皇上的！」

這個提議正合皇上心意，所以皇上一口就答應了，授予他俸祿稍多的官職。此時白居易三十九歲，比起初入仕途時的熱情積極和雄心萬丈，現在的他對世間的事情更能以寬廣的心胸去面對，因為他已經體悟到朝廷中的明爭暗鬥到頭來不是兩敗俱傷，就是幻夢一場，又何必太在意呢！

同是天涯淪落人
——被貶任江州司馬

憲宗元和六年（811年），白居易的母親去世了，白居易在家中守喪三年。守喪後剛回到長安的他，卻遇到了轟動一時的「武元

衡事件」，這件事原本是因為朝廷的黨派鬥爭而引起的，和白居易一一點關係也沒有，然而無辜的白居易卻因此被貶官，這到底是怎麼一一回事呢？

元和十年，在兩河地區鎮守邊疆的節度使聯合起來發動叛變，宰相武元衡極力主張派兵討伐這群叛軍，想不到卻被叛軍以及反戰派的人暗殺而身亡。

宰相武元衡被歹徒殺害後，朝廷上下人心惶惶，卻沒有人敢

黑白開講

老白：「憲宗元和十年（815年）六月三日，天還未亮，宰相武元衡正要入朝見皇上，當他走出城門時，突然有賊黨跑出來用箭暗算他，還割下他的頭。後來，賊黨又潛入相國裴度的住處，正當賊人想用刀砍殺裴度時，裴度卻失足掉入水溝中，幸好他頭上的帽子夠厚，才讓他逃過死劫。」

小黑：「哇！帽子還真有用呢！不過為何會發生這件事呢？」

老白：「因為武元衡主張出兵討伐叛軍，以致引發黨派的鬥爭，和武元衡對抗的另一派人馬就暗中派人刺殺武元衡，希望阻止朝廷派兵的決定。」

小黑：「朝廷的黨派鬥爭實在有夠可怕！但是最可憐的就是白居易了，竟然無故就被貶官！」

站出來處理這件事，只有白居易挺身而出說：「皇上，叛軍連宰相都敢殺了，您一定要趕緊派人調查這件事，捉出幕後主使者，這樣才能安定朝廷和人民的心！」

正當皇上還在深思白居易的提議時，卻有一位大臣在一旁悄悄對皇上說：「皇上，白居易官職卑微，卻干涉朝廷的重大事件，根本沒把您看在眼裡！而且他還是個不孝子，他的母親因為看花落井而死，他竟然還有閒情逸致寫下〈新井〉和〈看花〉兩首詩，完全沒把母親的死放在心上，實在是太不孝了！皇上，您一定要處罰他才行！」

原本神情平靜的皇上，聽了大臣的話後，臉色大變，皇上心想：「白居易這個臭小子，竟然不把我看在眼裡，我要讓他嚐嚐苦頭，把他貶到偏遠的荒地當閒官，看他還能不能如此囂張！」

　　於是皇上下旨說：「白居易聽旨，叛軍作亂這件事你就不用管了，既然你那麼害怕叛軍，那麼你就到江州當司馬好了！」

　　就這樣，白居易一連解釋的機會都沒有就被貶官了！他搖頭感嘆說：「有人認為我潔身自愛不收取賄賂，所以十分憎恨我；有的人認為我性情孤僻不好相處，所以對我也有忌恨；又有人認為我是個怪異的人，所以故意誣陷我。我到底要怎麼做才行呢？」白居易得不到其他人的援助，也只能無奈的獨自傷懷而已。

　　白居易因為太正直而屢遭他人陷害，雖然他將身外的名利富貴當作是過眼雲煙，然而這次貶官對他來說還是一個很大的打擊，因為他知道自此以後，想要再實現偉大的抱負，已經是不可能的事了。當他離開長安時，有很多友人來送他，讓白居易感到

人間還有溫暖。一位曾和白居易共事過的官員來送白居易，他強忍住眼淚，哽咽的對白居易說：「白大人，我知道您是一個正直的好人，相信不久後皇上一定能體會您的真心，將您調回朝廷！」

白居易心懷感激的說：「謝謝您肯相信我！請您不要悲傷，反正我本來就出身貧賤，也沒有什麼了不起的地方。現在我還領有一份微薄的薪水可以讓家人溫飽，我就應該要高興了，還有什麼好抱怨的呢？就請您也飲酒為我送別吧！」

白居易瀟灑的向大家道別後，便黯然前往江州了。

在江州，白居易藉著遊山玩水來忘掉被貶謫的鬱悶，第二年，他就在廬山的香爐峰修建了一間草堂，那裡的景致清新秀麗，冬暖夏涼，非常適合居住。白居易開始計畫，等他把族中弟

妹婚嫁的事情都辦好後，再加上司馬的任職期滿，他就要和妻子在此終老一生，過著每天彈琴、飲酒、作詩的風雅生活。這就是白居易在江州司馬任內安於獨善與閒適的表現。白居易在此度過了三年失意卻又自得的歲月。

黑白開講

老白：「廬山，又名『匡廬』、『匡山』。相傳周代有個叫匡俗的人在此山搭建草廬，並且在裡面讀書，所以後人又稱廬山為『匡廬』或『匡山』。廬山在江西省，東臨鄱陽湖，高一千三百多公尺，是著名的避暑勝地，還被列入世界文化景觀中，觀光客都很喜歡來這裡欣賞大自然的壯麗景色喔！」

悠閒淡泊的
為官時期

意氣終高志不減
── 任忠州刺史

　　憲宗元和十三年（818年）十二月，白居易量移忠州刺史，是州中最高的行政長官。忠州在京城南方，離京城有一段距離，但比江州更靠近長安。在往忠州的途中，白居易竟然巧遇好友元稹，兩人五年不見，今日竟然在此地相見了。白居易一見到好久不見的元稹，忍不住內心的激動與喜悅，他向元稹說：「微之，因為皇上任我為忠州刺史，所以我現在

小黑：「嘿！老白，『量移』是什麼啊？難不成要拿尺量過才能移動嗎？」

老白：「唐朝時，因犯罪而被貶到遠方的人，如果遇到朝廷頒布赦令時，就可以改分發到較近的地方，這就是所謂的『量移』。」

正要往忠州去。真是感謝皇上厚愛，讓我可以離開偏僻的江州。我覺得回鄉的路程似乎越來越近了。我想老天待我不薄，我應該還有福分可以回到日夜思念的長安城，再為皇上效命吧！」

元稹看到白居易欣喜的表情，便對他說：「樂天兄，實在是太恭喜你了！我現在也要趕往虢州，因為皇上已將我升為虢州長史，我們的命運還真相似呢！」

白居易聽了元稹的話後說：「幸運之神同時降臨在我們兩人的身上，我們要好好慶祝這個難得的好機會才是！」元稹贊同的說：「好！那我們就喝個盡興吧！」

於是，兩人就這樣喝酒聊天長達三天三夜，將多年的思念之情一次傾瀉而出，最後才又帶著彼此滿滿的祝福，依依不捨的踏上各自的旅途。

白居易到了忠州後，卻發現

忠州的環境並非他想像的那麼好，所以他只好將滿腹的苦水寫信告訴元稹：「親愛的微之，你過得好嗎？我原本以為忠州是繁華的都城，想不到這裡的田地十分乾硬，米吃起來也澀澀的，更別說想吃到味道甜美的佳餚了！一想到這裡，我就不知道接下來的日子要怎麼過，我真害怕自己的一生都要浪費在這裡了！」

　　元稹收到信後，馬上回信鼓勵白居易說：「親愛的樂天兄，得知你過得不好，我也為你感到難過，但是你千萬別洩氣，我相信以你的才能和對人民的關愛，在忠州也一定會有很好的表現！」

　　聽到好友的安慰，白居易才感到安心多了，他決定要好好的在忠州展開他的新生活！雖然此地不適宜人生活，卻有許多種珍果，例如「荔枝」，就是此地的名產之一。有一次，白居易正巧

經過一座荔枝園，種荔枝的老農夫一見到白居易，馬上恭敬的向他問好。然後就用黝黑的雙手，從荔枝樹上摘下一串果實，自豪的說：「白大人，請您嚐嚐我們種的荔枝吧！我們家的荔枝，不僅葉子茂盛，而且在春天還會開出美麗的花朵。最重要的是，盛夏時它會結實纍纍，果實非常好吃，請大人一定要嚐嚐！」

白居易擋不住老農民的熱情，於是嚐了一口荔枝，想不到果肉才一入喉，就讓白居易有說不出的好感覺，他大聲讚賞說：「這荔枝的果實柔軟得像葡萄，果核則如枇杷一樣，果肉鮮美多汁，甜中又帶點酸味，實在是人間美味！這麼好的珍果，一定要將它的美味和大家分享才可以！」

隨後白居易又把身旁的兩個僕人叫來：「你們現在馬上去請一位畫師來為這些荔枝畫圖像，我

要讓所有的人都知道忠州的荔枝有多麼鮮美動人！」

於是僕人立即啟程去找畫師。至於白居易也沒閒著，他隨即拿起紙筆來，當場就寫了〈荔枝圖序〉。後來這幅圖和詩文都流傳到民間，成為忠州荔枝的最佳代言廣告，而荔枝的名氣也因此被炒熱了！

由於白居易有顆豁達的心，因此，即使身處忠州這種窮陋的地方，白居易仍能從生活中得到不同的喜悅。他依舊是竭盡忠誠，堅守崗位，努力將忠州治理得有條不紊，設法讓百姓過更好的生活。

吟詩醉酒快活仙
──任杭、蘇刺史

老天似乎聽見了白居易的嘆息，擔任忠州刺史一年多，白居易就被召回朝廷。貶官六年，終

於可以再回到朝廷，白居易喜不自勝。但好日子並沒有持續多久，穆宗長慶二年（822年），戰亂再起，皇上卻對國家大事漠不關心，朝廷混亂不已，官員個個都只求自保，根本對國事無能為力。白居易對皇上和朝廷感到灰心，於是請求皇上將他外調到杭州當刺史。

到了杭州，映入眼簾的是一片繁花似錦的美景，讓人好似置身圖畫中。白居易興奮的遊賞西湖和錢塘江，吟詩、喝酒、泛舟、欣賞歌妓唱歌跳舞。從山寺中的亭子遠眺，只見一面清澄如鏡的湖水，還有遠山上潔白的雲朵。樹上的黃鶯引吭高歌，歡唱春天的到來，屋簷下的燕子則忙著銜泥築巢，五顏六色的花朵讓人看得眼花撩亂，剛發芽的青嫩綠草也掩沒了徐行而過的馬蹄。白居易像個好玩的孩子一樣說：

「這種人間罕有的美景，即使重遊再多次，我都覺得不夠！」

美中不足的是，杭州在夏秋之際常乾旱不雨，每當收成的時節來臨，農民們不但沒有喜悅的表情，反而個個愁容滿面。白居易看到這種情形，心中著實感到萬分苦惱：「怎麼辦呢？我又沒有呼風喚雨的本事，要怎麼樣才能讓老天爺下雨呢？」

正當白居易在苦心思索時，他看到隔壁有位老婦人虔誠的拿著香祭拜上天，祈求上天保佑他們全家。白居易忽然想到：「啊！對了！既然百姓那麼相信上天，那麼我也來寫祭文給上天，祈求天降甘霖吧！」

隔天早上，白居易便召集了所有的農民，當著農民的面前舉辦祈雨法會，並念出要給上天的祭文：

偉大又仁慈的老天爺啊！因為有您的眷顧，使我們都能過著豐衣足食的生活，我們都十分感謝您！但是，近幾年來乾旱的問題十分嚴重，我們辛苦種下的穀物都被曬乾了，農民個個血本無歸，就快要活不下去了，懇請老天爺快降下甘霖吧，我們一定會虔誠的感念您的恩惠！

農民們看見白居易虔誠祈雨的樣子，也被白居易感動，紛紛跪下來和白居易一起祈雨。

大家似乎也都相信上天一定會降雨，所以眉頭不再深鎖，在法會結束後，便安心的回到田裡工作。

或許有人會以為白居易真迷信，寫祭文給上天根本沒有用！其實，白居易這樣做的主要目的是安撫民心。為了徹底解決乾旱

的問題，白居易立即派人進行修築湖堤的工作，讓湖水的蓄水量增加，改善旱災的情形。現今西湖有一座名為「白堤」的堤防，在白居易任杭州刺史時曾加以修築改建，所以又被稱為「白公堤」，白居易治理水患的貢獻，也永遠深存在杭州人民的心中。

當白居易任期屆滿要離開杭州時，杭州的男女老少都趕來為他送行，有許多人還用水壺裝滿酒，擺宴歡送白居易離開杭州。一位滿頭白髮，臉上布滿皺紋的老婆婆步履蹣跚的走來，她緊握著白居易的雙手，顫抖的說:「白大人……您可不可以不要走……您為我們做了那麼多事，我們都希望您繼續留在這裡。」

白居易緊握著老婆婆的手說:「老婆婆，謝謝您！我是一定要走的。所有的事都是我應該做的，你們不用感激我，更何況，

我也只是確保大家用水無虞而已，沒有什麼大不了的！」白居易不改謙遜的本色，這也讓杭州人民更不捨他的離去。

穆宗長慶四年（824年），白居易離開杭州前往洛陽，準備要在洛陽隱居。只是天不從人願，次年三月，朝廷又授予他蘇州刺史的職位。蘇州是江南最大的州，白居易在蘇州過得很愜意，但他也不忘盡心治理地方事務。在一個寒冷的下午，蘇州市集上聚集了一群老百姓，他們正在說有關白居易的事，其中一位瘦小的中年男子，緊抓著身上的衣服說：

「唉！最近天氣冷得要命，要不是白大人派人送衣物給我們一家老小禦寒，我們這群連飯都吃不飽的窮人，真不知道要如何度過這個寒冬！」

另一位較年長的白髮男子則是把身體緊縮在棉襖裡，然後用

低沉的聲音說：「是啊！是啊！我這件棉襖也是白大人送的！我生平第一次度過這麼溫暖的冬天，白大人真是個大好人！」說著說著，老人臉上也洋溢著幸福的神情。

原來蘇州有許多貧窮人家，連蔽體禦寒的衣服都買不起，自從白居易來了以後，他常拿一些衣物分送給當地的貧窮百姓，讓所有百姓都有衣服可穿，蘇州的百姓都十分感謝白居易。

話說白居易十五、六歲時曾經在心中許下一個心願，就是要像韋應物和房孺復兩位大人一樣治理蘇、杭二州的任一州，並請志同道合的好友一起來喝酒吟詩。而今白居易先後當了杭州和蘇州刺史，昔日許下的願望得以達成，白居易自己也感到萬分欣慰。他抬頭看著窗外，花香鳥語、小橋流水，他不禁沉醉在蘇

州這一片明媚的春光中。此時白居易的妻子楊氏也陪伴在他身旁，他轉過頭來對楊氏說：「我好想就這樣和妳在這個美麗的小園地裡快樂的過一生！每天吟詩喝酒，不用擔心年老，也不害怕貧窮，更不必在意功名利祿，這樣我倆算不算是神仙眷侶呢？」

楊氏先是微笑，然後就依偎在白居易的身旁坐了下來，她說：「我不求當神仙，只希望能永遠陪在你的身邊！」

正當白居易還在享受美好的春天時，惱人的病痛卻纏上了白居易，眼疾加上風溼病，讓他苦不堪言，最後，他只好因病向朝廷請求辭官。要離開蘇州時，官吏和百姓都來為他送行，放眼望去，一路上都有白髮老人列隊送行，送行隊伍綿延數十里，大家都難過得說不出話來。不管身在何處，白居易都能盡忠職守，懷

著民胞物與的心性，因而能獲得百姓的愛戴，所以每當他要離開的時候，總是可以看到一群依依不捨的百姓，這完全是因為白居易是用真心來對待他身邊的每一個人，所以他的功績會永遠留在人民的心中。

突破塵網得自由
——年高致仕

文宗大和三年（829 年），朝廷再次將白居易召回長安，然而歷經挫折和貶官的白居易，對政治已經沒有早年的旺盛熱情，所以他請求皇上讓他辭官退休，但是皇上卻不同意：「像愛卿這麼優秀的人才，怎麼可以輕易說辭官退休呢？這樣好了，朕就讓你分司東都吧！」

白居易見皇上如此堅決，他也不敢冒犯皇上，再加上分司是閒散的職位，所以白居易也就答

應了。白居易這次到洛陽後，就再也沒有離開洛陽一步了。這段期間他有飯就吃，有衣就穿，不再過問一些是非事，生活十分悠閒。有一天，一位朋友來白家拜訪，他看到白居易一家人都穿著樸素，而且三餐都是粗茶淡飯，朋友很為他們擔憂，於是說：「我說樂天兄啊！你們一家人就只吃這些蔬果而已，這樣能飽嗎？我看我現在就回家叫僕人烹煮些雞鴨，然後再送來給你們！」

但白居易連忙搖頭，而且笑著回答他：「謝謝你的好意，不用了！現在的我雖然沒有錦衣玉食，但生活卻非常快意，好像只

小黑：「老白，『分司』是什麼啊？難不成是分開土司嗎？」

老白：「你這個貪吃鬼！唐朝在東都洛陽設置和京城長安一樣的官府，在這裡當官的人就稱作『分司』，這裡的官職大多是有俸祿而無職事的閒散之職。」

小黑：「看來在這裡當官還真是一件輕鬆的事呢！」

要喝水就能飽呢！」

朋友見白居易講話時的喜悅自得，也就相信白居易的確過得很快樂。

文宗大和三年，兒子阿崔出世，高齡五十八歲的白居易非常高興，他緊握妻子的雙手，連說了三次：「夫人，真是太感謝妳了！」

老來得子讓白居易欣喜萬分，不過也是一則以喜，一則以憂：「真高興，我的文章終於有可以託付的人了！只是我年紀已大，不知道是否可以看到他娶妻生子的樣子？」

白居易享受得子的喜悅還不到三年，死神卻突然降臨白家——阿崔夭折了！白居易傷心欲絕，他一手撫摸著阿崔冰冷的小臉龐，一手用力捶著自己的心，老淚縱橫的哭喊著：「崔兒啊！我心愛的崔兒啊！老天在我垂垂老

矣、幾乎要失去得子希望的時候將你賜給了我，卻又在我滿懷欣喜的時候把你從我身邊奪走，這是為什麼呢？老天啊！你怎麼忍心讓我的希望再次落空，又變回從前那個沒有兒子的老頭！」

聞訊趕來的朋友都安慰白居易說：「樂天兄，您就別再傷心了！夫人還年輕，一定可以很快再為您添男丁的！」

雖然朋友個個都這樣安慰白居易，但他卻心知肚明，自己不可能再有得子的機會了，於是只能哀傷的說：「一棵枯樹還會有長新枝的機會嗎？這是不可能的了！」白居易後來都沒有再得子，儘管這讓他有些許遺憾，但他也不因此而強求。

文宗大和九年（835年），白居易仍分司東都。後來發生「甘露之變」，朝廷屍橫遍野，血流成河，長安城也大亂。事發當天，

白居易正獨遊香山寺，幸運逃過此劫。這讓白居易體認到人間禍福本是難以預料，惟有故守本分，安於處境，才能悠然自得。

　　白居易晚年愛好佛法，並且和洛陽香山寺的如滿和尚結為好友。在香山寺常常可以看見一位穿著白衣的老者，拄著刻有鳩形圖案的手杖，自稱是香山居士，其實他就是白居易。白居易常和如滿和尚在一起，有時是為了修習佛法，有時是一起下棋吟詩，但更多時候，如滿和尚則是白居易的師父，白居易在生活處事上若有不懂的事，都是先向如滿和

黑白閒講

老白：「文宗大和九年十一月二十一日，皇上為了要把宦官一網打盡，所以在花園內埋伏士兵，還故意派人說宮廷的石榴樹上將會降下神蹟，要大家趕快去看。宦官們紛紛趕來看神蹟，無意中卻發現一旁竟然有士兵埋伏，所以宦官就先下手為強，他們挾持了皇上，而其他官員則是嚇得東奔西逃，長安城內還有人趁此打家劫舍，全國上下都陷入一片混亂中，史稱『甘露之變』。從此以後，宦官的勢力更是強大得無法管束。」

尚請教。有一回，白居易又滿懷憂心的問如滿和尚：「如滿師父，有一個問題一直困擾著我，讓我寢食難安，不知如何是好！」

如滿微笑的問白居易說：「白施主有什麼煩惱，可否說給我這個老和尚聽呢？」

白居易好像找到救星一樣，馬上對如滿師父說：「我一直希望能做對百姓有益的事，然而朝廷鬥爭激烈，我的諫言也不被接受，還有人處心積慮要陷害我，再加上我的身體一日不如一日了，這些都讓我感到力不從心！然而如果要我這樣離開朝廷，我又對百姓放不下心，老師父您說我該怎麼做呢？」

如滿用心聽完白居易的話，然後指著樹枝上正在鳴叫的小鳥說：「白施主，你覺得這隻小鳥是比較喜歡過著有風吹雨淋卻能在樹上快樂歌唱的日子，還是喜歡

被養在大戶人家，每天有精緻的食物吃，卻時常要被人用手逗弄的日子呢？禍福茫茫不可測，能捨才能得。白施主，你大半輩子都在為百姓服務，現在你也應該知道如何選擇你未來的人生了吧？」

　　雖然如滿師父並沒有直接告訴白居易要如何做，但是白居易已經知道答案了！白居易因為欣賞如滿和尚的智慧，所以早就囑咐家人說：「等我死後，就請你們將我安葬於香山寺如滿師父的墓塔旁邊吧！」

　　白居易七十一歲時便辭官了，皇上也讓他以刑部尚書致仕。自此以後，白居易便過著悠閒的生活，他還變賣家產，把一

黑白開講

小黑：「『致仕』是指官員年老或生病時，告老還鄉，休養晚年。古代官員通常在七十歲時致仕，唐代時官位較高的大臣退休後還能得到一半的俸祿，白居易就是如此。」

半的錢拿來當衣食費，一半的錢拿來付酒費，對於錢財這種身外之物，白居易早就不在意了，甚至連生死這種大事，在白居易的眼中也微不足道！後來，白居易乾脆施散家中所有的錢財，和香山寺的僧人共同開墾龍門附近的激流險灘，讓人民行舟能夠更加安全便利，可見白居易即使已經退休了，心中還是事事為人民著想。

5 相知相惜的好朋友

四海齊名號元白
—— 元稹與白居易

元稹，字微之，河南人，八歲喪父，家境貧苦，母親教他讀書寫字，九歲便已能寫作文章，十五歲考中明經科，曾寫過一篇有名的傳奇故事〈鶯鶯傳〉。元稹和白居易一樣，自小即十分聰

黑白開講

老白：「〈鶯鶯傳〉是寫張生救了崔氏母女，崔母為了報答張生的恩情，原本答應要讓自己的女兒鶯鶯嫁給張生，但事後又反悔，只讓鶯鶯拜張生為兄。幸好透過鶯鶯婢女紅娘的牽線，張生和鶯鶯兩人有了單獨相處的機會，情感也一天天加深。後來張生為了考試不得已要離開鶯鶯，等張生回來時，卻發現鶯鶯已經是別人的妻子了，所以張生只好另娶他人。雖然後來張生有再回去找鶯鶯，但鶯鶯不與他相見，只叫他好好對待現在的妻子，所以兩人終究沒有在一起。」

小黑：「這種結局真是讓人感到難過！大家都猜測故事中的張生，其實就是元稹，因為結局太悲哀，所以後人便將故事改編成結局圓滿的戲劇，讓張生與鶯鶯有情人終成眷屬！」

慧，兩人家境都不富裕，全是靠自己苦讀修習才有所成就，所以兩人即使相差七歲也很有話聊。因為同榜登科，加上一起準備考試，使他們的友誼更加深厚。元稹的個性和白居易如出一轍，見到不公義的事一定會挺身而出，所以他也像白居易一樣，常常無端遭到許多官員的厭惡和陷害。

　　河南尹房式常常為非作歹，欺負善良老百姓，搜刮民脂民膏，但是因為房家在河南一帶是有名的望族，勢力非常龐大，地方官府都不敢管他，任由他依仗家中的勢力為所欲為。一日，房式又在街頭上逞凶鬥惡，欺負百姓，正好被路過的元稹看到，元稹正義凜然的走到房式面前，大聲斥喝說：「是誰允許你這樣目無法紀，公然在街上作亂？」

　　房式根本不把元稹看在眼裡，還盛氣凌人的說：「我就是王

法，不然你又能對我怎樣？」

元稹忍無可忍的說：「看來不讓你接受一下王法的制裁，你就無法瞭解什麼是王法。來人啊！把這個惡徒抓回去！」

於是，房式被抓走了，但臨走之前卻還是一副姿態傲慢的樣子，大聲喊著：「你敢抓我，我一定會叫我的家人讓你難看！」

由於抓房式不在元稹的職權範圍內，而元稹卻越職抓了他，所以房家就上告朝廷，朝廷認為元稹是越職行事，便罰他不准領俸祿，後來又將他貶官。白居易知道好朋友受到這種不公平的待遇，立即稟報朝廷：「皇上，請您一定要明察這件事！元稹越職的確有錯，但是如果不是元稹勇於查辦房家，又有誰會為這件事挺身而出呢？所以元稹要接受的應該是嘉勉而不是處罰啊！」

皇上根本不聽白居易的話，

還對白居易說：「朕已經決定的事，就無法改變了！你沒聽過君無戲言嗎？」

　　皇上不接受白居易的諫言，所以元稹就被貶官了，與白居易被貶的情形一樣，都是因為不畏強權，反而導致執政者的不悅，可見白居易和元稹能成為好友，除了是家境相仿和文才皆高的因素外，更重要的是他們為維護正義不惜犧牲一切的心，也是完全相同的。

　　即使相隔遙遠，元稹和白居易兩人仍舊常用詩文互相加油打氣，切磋砥礪彼此的詩藝，帶動了後來的「新樂府運動」，兩人因此成為當時詩壇上的名家，並稱「元白」。白居易把元稹寫給他的詩抄寫在座位右方的屏風上，看了又看，讀了又讀，好像元稹真的在身旁；而元稹也將白居易寫給他的詩寫在寺廟的牆壁

上，即使是遊玩，也不忘思念白居易。兩人情誼深厚，不曾因詩歌創作的名氣而互相忌妒，後來元稹還將白居易的詩文編成《白氏長慶集》。

　　白居易被貶為江州司馬的這段期間，由於不習慣江州溼熱的氣候，再加上俸祿不多，所以白居易不僅常常生病，生活也陷入貧困中，元稹經常為此寫信來問候：「樂天兄，江州地方多溼熱的瘴氣，而且你的身體向來又不好，我實在是十分擔心你，這幾天你都沒寫信給我，不知是否一切安好？記得要多吃些飯菜，不

黑白開講

老白：「『樂府』是指漢代採集民間詩歌的政府機構，所以民間詩歌也稱作『樂府詩』。『新樂府』就是文人模仿樂府詩體，改用新題目來創作的樂府詩。杜甫是第一個用新題目來創作樂府詩的人，並用樂府詩歌反映出人民的現實生活，所以杜甫是新樂府運動的開創者。後來元稹和白居易也倡導新樂府詩，並將新樂府詩的創作發揚光大，成為當時詩人爭相學習的對象，這就是文學史上的『新樂府運動』，其中又以白居易的成就和貢獻最大，後來的作家都是向白居易看齊的。」

要胡思亂想，相信你一定很快就能被調回長安。希望你趕快回信給我，讓我知道你的近況。」

元稹心思細膩，善體人意，不僅常寫信問候白居易，而且還不時寄來一些錢和衣服，他瞭解白居易絕對不會向他提起生活短缺的事，所以他都事先為白居易設想好了，希望白居易能過得安好。

白居易每次收到元稹的信都不禁熱淚盈眶，也會立刻回信給元稹：「我被貶到這麼遠的地方，親戚朋友都沒有捎信來問候，唯獨微之你對我的親愛和關懷從未減少。我之所以收下你寄來的衣物、錢財，是因為感念你對我的真心，讓我的心裡溫暖無比！我想這就是所謂的患難見真情吧！有你這個好朋友，我這一輩子也不算孤單了！真是謝謝你！」

後來元稹為了打擊大臣裴度

而與宦官結交，但白居易卻對裴度非常敬仰，一旁的人見狀，都問白居易說：「樂天兄，元積和裴度兩人，一個是你的摯友，一個是你敬重的人，當他們兩人有爭執時，你要怎麼選擇呢？」

白居易毫不猶豫的回答說：「當然是幫助合理的那方，這還用問嗎？」

朋友聽到白居易的回答，也不由得用敬佩的語氣稱讚白居易說：「樂天兄真是一個公私分明的好官員！」

白居易不因為和元積是好友而減輕對裴度的敬仰，也不因為敬仰裴度而破壞自己和元積的交情，這在在都顯示出白居易為人處事的平正公允。

元積於文宗大和五年（831 年）卒於武昌任所，得年五十三歲，白居易有〈哭微之〉詩二首，〈祭微之〉文一篇，並為元積作

墓誌銘。元家給白居易一筆豐厚的謝文禮金，白居易想到和元家的交情如此深厚，而且元稹在他危難時也常援助他，所以認為自己不應該收錢，於是他將錢全數退回。但元家執意要送，白居易不得已，只好將錢布施給香山寺，既可協助寺廟賙濟貧困的百姓，也是為元稹祈求冥福，更重要的是，白居易祈求上天讓他和元稹生生世世都能當好朋友！

同貧同病二狂翁
——劉禹錫和白居易

劉禹錫，字夢得，彭城人，

小黑：「為什麼人都已經死了，還要幫他作墓誌銘？」

老白：「在古代社會中，墓誌銘可是有大功用喔！古人為了防止墳墓因歷時久遠而無法辨識，所以會在墓中刻上可作為後人考察用的文字。種類分為墓誌與墓銘，前者是記死者的姓名、生平；後者是寫下對死者的頌讚及悼念，兩者合稱為『墓誌銘』，只是現代社會上已經很少使用了！」

和白居易同年出生，二十二歲考中進士，後來由於兩人一同在長安任官，也因此有機會相識。只是劉禹錫因為受到永貞革新的牽連，被貶到外地，即使回到京城，也多次錯失和白居易相見的機會，所以他們的友誼一直到相識的二十年後才開始有進一步的發展。白居易早年的摯友是元稹，到晚年時由於元稹早死，白居易和劉禹錫都分司東都，兩人的情誼就愈來愈深，成為無話不說的好友。

白居易和劉禹錫不僅個性契合，在詩歌創作上更是亦師亦友的關係。一日，白居易在家中的

黑白開講

老白：「唐順宗永貞元年（805年）發動了一場革新運動，主要是因為皇上想要減弱宦官和地方軍隊的霸權，促進國家社會的統一和安定。但是因為朝廷官員都只顧自己的利益，根本不支持革新運動，所以革新運動才進行短短幾個月，就被推翻了。最後不僅唐順宗被害死，參與這次革新運動的文人有的被賜死，有的被貶官，而劉禹錫就是其中之一。」

涼亭裡宴請劉禹錫，他們一面喝酒，一面吟詩，正當兩人都有點醉意的時候，白居易突然感嘆說：「唉！微之已經離我而去了，我寫詩的伙伴就只剩下夢得你了！雖然我們對相同問題常有不同的看法，也喜歡在詩藝上比高下，但正因為如此，我得到許多作詩的靈感，也更加敬佩你的文才！」

劉禹錫聽到這番話，瞬間全無酒意，他認真的回答說：「我也是啊！每次讀你寄給我的詩，我就愈讀愈有滋味。你的詩彷彿鬼斧神工，自然天成，所以我應該要好好向你學習。相信我倆互相切磋學習，一定會讓彼此的詩藝更上一層樓！」

白居易接著開玩笑說：「當然囉！誰叫我和你是洛陽城裡的『劉白二狂翁』！」

因為彼此都熱衷於詩文的創

作，也忘了真實生活中貧病交加的窘境，所以白居易才笑稱自己和劉禹錫是洛陽城中的「劉白二狂翁」，道出了他們對詩歌創作的喜愛，還有現實生活中的無拘無束。後來白居易將自己和劉禹錫互相唱和的詩編為《劉白唱和集》，有詩一百三十八首，展現了白居易和劉禹錫兩人一來一往，勢均力敵又欲罷不能的旺盛創作慾。

　　武宗會昌二年（842年）七月，劉禹錫去世，享年七十一歲，白居易再次遭受摯友死亡的打擊。夜裡，白居易常因思念劉禹錫而輾轉難眠。有一晚，他好不容易睡著了，矇矓中，他看到了一座涼亭，涼亭中坐著一個熟悉的身影，白居易趨前一看，吃驚的大叫說：「這不是夢得嗎？」

　　白居易一見到劉禹錫，馬上高興得飛快走過去，想不到等他

一靠近涼亭時，劉禹錫卻早已失去蹤影。突然之間，白居易才驚訝的想起：「唉！夢得已經離我而去了，我怎麼忘了呢！」

一想到這，涼亭和熟悉的身影瞬間消失不見，只剩下從睡夢中驚醒的白居易。他開始嚎啕大哭起來：「夢得呀！你我就像是認識了百年的好友，你怎麼忍心先棄我而去呢！想起我們倆在洛陽同享貧病，也同享悠閒的日子，這種景象再也見不到了吧？」

劉禹錫的死讓白居易想起元稹，於是他勉強收起悲傷，自我安慰說：「我想夢得你現在大概是和微之一同在地下喝酒吟詩，十分快活吧！我也應該要為你們高興才對。而我呢？我會在這個混亂的塵世中好好過活，你們就不用擔心我了。」

好友一個個接連去世，白居易一方面要忍受喪友之痛，一方

面則要擔心自己瀕臨老死，雙重
的煩惱與哀愁加諸於身，白居易
也只能獨自承受。

6 創造生活的樂趣

愛琴愛酒愛詩客
—— 飲酒、出遊、彈琴

　　白居易非常喜歡喝酒，即使是生病或齋戒，都只能讓他忍耐個兩三天不喝酒，所以他晚年自稱「醉吟先生」。閒暇無事時，白居易常在家閉門不出，早上喝酒，晚上也喝酒，而且通常還沒喝完一壺酒，白居易就已經有三分醉意了，但他還是決定要一輩子與酒為伍。有一次，白居易受邀參加一場晚宴，宴會的主人因為不喜歡酒味，所以整個會場都是以茶代酒。白居易知道主人的個性，就故意帶酒去參加宴會，還在主人面前高舉酒杯，大聲對著酒杯說:「酒啊！你是麥中的菁英，你是米中的精華，只要清酌

一杯，那又香又醇的味道就能令人陶醉，即使身處霜天雪夜也會立即變溫暖，你還可以讓人轉憂愁為喜樂。真不知道為什麼有些人就是不懂得你的好，這些人真是不瞭解什麼是享受啊！」

主人被白居易的舉動嚇到，而白居易則是一面喝酒，一面從容的走出宴會的大門外，完全不理會他人的眼光。

白居易愛喝酒的個性和他崇拜陶淵明也有關，他喜歡陶淵明愛酒不愛名的個性，更欣賞他憂醒不憂貧的自在生活。有一次，白居易去參觀陶淵明的故居，他仔細端詳了陶宅的每一個角落，想藉此拼湊起陶淵明不慕榮利、開懷飲酒的身影。看著看著，白居易彷彿感受到陶宅中的每一件事物都正伸出手邀他一同飲酒。於是，白居易打趣的說：「陶先生高風亮節，雖然他去世已久，但

他家中的每一件事物，還有他的每一句詩文，似乎都像是在對我施魔咒說：『來吧！來吧！快樂的喝酒吧！不要再奢求其他的身外之物了！』可見我決定與酒為伍，說起來還真是遵守陶先生的遺教呢！」

白居易崇拜陶淵明的程度，更勝於現在的追星族，他不僅學陶淵明的為人，也學陶淵明的詩作，甚至只要聽到有人姓陶，他也會想到陶淵明，一股敬意和仰慕之情就莫名湧上心頭，可見他崇拜陶淵明的程度還真像著了魔似的呢！

白居易也很喜歡以酒會友。有一回，白居易想起了好久不見的好友劉十九，白居易原本打算寫信找他來家中，但是又不想苦苦等待他的回信，於是白居易想到了一個可以立刻見到劉十九的方法。在下雪的夜晚，白居易先

準備一個燒得通紅的火爐，然後在火爐上放了一壺新釀的酒，慢慢的溫熱酒，不一會兒，整個屋裡早已酒香四溢。白居易馬上叫人拿來紙筆，他隨手題了一首詩。詩寫成後，白居易就派僮僕把信送到劉十九的家中。不到一個時辰，僮僕回來了，而且還把白居易朝思暮想的好友劉十九也一同帶回家了！白居易高興的對劉十九說：「劉兄，看來我的計策成功了，你終於來了！」

劉十九則是一臉不好意思的說：「沒辦法，誰叫白兄你那麼瞭解我，知道我抵擋不住美酒的引誘。尤其是在這樣一個寒冷的冬天，暖烘烘的一壺酒，是多麼令人想品嚐一下啊！我當然會快馬加鞭的趕來和你小酌一杯！」

就這樣，兩人圍著那一壺溫熱的酒，開懷暢飲起來，早已忘了屋外正在下著漫天大雪。

　　除了飲酒，欣賞大自然的美景，也可以讓人忘了許多不如意的事，所以出遊也是白居易生活中的一項要事。白居易出遊時，最喜歡騎著他的小白馬。或許在平常人眼中馬只是交通工具，但白居易卻不這樣認為。白居易常騎著他的小白馬到處遊玩，一路上他總是坐在馬上一面吟詩，一面對小白馬說話：「小馬啊！你看這風景多麼美麗，多虧有你，我才能欣賞到這山明水秀的美景，下次你還要載我到其他地方，我們再去欣賞更多壯麗的風光！」

　　小白馬似乎聽得懂白居易的話，牠急速搖動尾巴，然後得意的把下巴高高抬起，叫了兩聲，好似對白居易說：「主人，我一定會再陪你到各地去欣賞美景的！」

　　這匹小白馬陪伴白居易走過許多名山勝景，度過一段美好的時光。誰料在一次旅遊的途中，

小馬竟然暴斃了，白居易一見到小馬死了，難過得痛哭失聲：「小馬！你快點站起來呀！你不要拋下我，我還要帶你去看美景，你怎麼可以半路退出呢？沒有了你，我怎麼還有心情遊玩呢？」

後來白居易把小白馬安葬了，看見黃土落在馬身上，白居易忍不住又哭了！他不僅沒有繼續既定的行程，而且回到家後，還寫了一首詩來抒發自己對小白馬的情感。經過一段時間後，白居易才又買了一匹新的馬，繼續他騎馬吟詩的旅程，直到他六十八歲時，感覺自己身體大不如前，常因為風溼症而導致肌肉及關節劇烈疼痛，無法再騎馬出遊了，他才把心愛的馬放歸。

此外，白居易也是彈琴高手，他說自己是「愛琴愛酒愛詩客」，還說：「七絃琴是我的好朋友，我的雙耳則是我永不缺席的

知音。我只要自己一個人彈琴就可以了，又何必一定要有聽眾呢?」

白居易不論身在何處，都有一琴相伴左右。他喜歡一個人在明月高掛的夜晚獨奏，一切都是如此寂靜，沒有白日時的喧譁吵鬧，最能讓人心平氣和的彈琴。白居易認為雖然琴聲乍聽之下並不響亮，但只要彈琴的人性情恬淡，彈出的琴聲自然會清新悅耳，所以他才說「琴格高低心自知」，或許只有彈琴的人最瞭解自己當下的心情吧!

世間凡事盡悠悠
—— 放歸歌妓

唐代的蓄妓風氣很盛，歌妓們多才多藝，能詩文也善舞樂，生活在大唐帝國的白居易，也有和歌妓一同宴遊歡樂的時候。白居易非常喜歡觀賞舞蹈，尤其最

喜歡看歌妓們表演「霓裳羽衣曲」，他身邊的歌妓都被調教成能演奏也能舞「霓裳羽衣曲」。白居易有兩位歌妓，一位叫小蠻，一位叫樊素，她們兩人在當時都名聞洛陽。話說小蠻長得十分豔麗，白居易常會作一些詞曲讓她搭配跳舞，她的腰好比柔軟的柳枝，所以每當她在跳舞時，只要輕輕扭動纖細的腰，就像春風吹過大地，在場的人不論男女老少都會著迷得渾然忘我，在當時的洛陽城裡無人能比！至於樊素，她有一張櫻桃小口，拿手絕活是唱歌，由於她的歌聲悽切，再加上她唱歌時深情凝望的眼神，所以每當她一開口唱歌，凡

老白：「『霓裳羽衣曲』是唐代風行的宮廷樂舞，據說是從外國傳入，唐玄宗還為這首曲子製作了歌詞。白居易在杭、蘇刺史任內，曾經教官府的歌妓跳過『霓裳羽衣曲』，還將歌舞中的服飾和樂曲組織記錄下來，成為歷史上珍貴的文獻紀錄。」

是聽到的人都會為她感到意亂情迷。如果在現代，小蠻說不定會變成「跳舞女王」，而樊素則會變成「美聲歌后」哦！

有一次，白居易在外地忽然有事要用馬，卻又臨時找不到馬，於是他便想向住在鄰近的裴度借一匹馬。裴度原本就是白居易的朋友，所以當然會義不容辭的把馬借給白居易，只不過裴度常聽其他人說白居易很重視自己所調教的兩位歌妓樊素和小蠻，把她們當成家人一樣對待，裴度對這件事抱持著懷疑的態度，因為他覺得歌妓只要再調教即可，何必太在意，所以他不相信別人的說法，於是他便想利用這次機會試探白居易。他故意對白居易說:「要我借你一匹馬是沒問題，只是我這匹馬是使者遠從國外引進的，十分罕見珍貴，因此，如果你要馬，就必須要拿東西來和

我交換！」

　　白居易不明白裴度的用意，以為裴度是向他要買馬錢，於是說：「那好吧！因為我現在身上也沒帶多少錢，就等我回到家後，再派人把買馬錢送到你家裡。」

　　裴度裝出一副為難的表情向白居易說：「錢是身外之物，更何況我倆是好朋友，我怎會向你要錢呢！我想要的是你身旁的兩位歌妓──樊素和小蠻，聽說她們的舞技和歌藝很精湛，我真想要一開眼界。反正你本來就很會調教歌妓，可以再調教出更年輕、更優秀的歌妓，應該不會吝惜把樊素和小蠻送我吧？」

　　聽到裴度的話，白居易連忙搖頭說：「裴兄啊！這可萬萬不行！我已經把她們當成是自己的親人了，哪有人會這麼狠心拿自己的親人來換馬？這是絕對不可能的啊！」

裴度聽到白居易的話後，才相信白居易對這兩位歌妓的重視，於是說：「看你著急成這個樣子，我只是在跟你開玩笑，馬當然會借你，你也不必拿任何東西來換！」

白居易知道裴度是在開玩笑後，這才收起緊張的心情，安心的把馬牽走。

白居易晚年因為健康不佳，比較沒有機會和歌妓吟詩唱歌，於是他決定放歸樊素和小蠻，讓正值青春年華的她們去尋找自己的幸福。白居易看著昔日相伴的歌妓一步步的消失在視線之內，他開始一點一滴的回想起過去的一切：「當初她們剛來的時候，都還是年幼的小女孩，如今她們都已成為婀娜多姿的女人，而我卻變成一個白髮老翁，歲月真是不饒人啊！」

想到這裡，白居易不禁悲從

中來。但是白居易畢竟不是一個自私的人，他只希望她們未來都能嫁個好夫婿，過著幸福美滿的日子，這樣他內心的苦痛也能稍稍得到平復了。

清泉白石意自然
—— 宅園林池

唐代的士大夫由於生活富裕，所以對於住宅非常講究，但白居易並不像其他士大夫一樣只喜歡住在奢華的大宅院中，他要的是生活的藝術和自適的情趣。在江州司馬任內，白居易到香爐峰的寺廟遊玩，在這發現了一處人間仙境。這裡的地是由潔白的石子鋪成的，還有潺潺河水從上面流過，尤其當太陽照射下來時，整片白石子地更顯得閃閃發亮。沿著流水，再往山裡面走，高聳的松樹就像一把張開的大傘，蓋住了蔚藍的天空；而筆直

的竹子則是一個挨著一個整齊的排列著，就像是一排青綠色的欄杆。但是這片人間仙境卻是杳無人跡，一整天都看不到一個人影走過！白居易心想：「這麼美麗的地方，竟然沒有人發現！乾脆我就在這裡蓋一間房子，以後說不定還可以在這裡養老呢！」

於是白居易立刻捲起袖子，準備動手搭架房屋。當他開始動工時，竟有幾隻猿猴從山林中跑了出來，牠們紛紛蹲在白居易的身旁，好奇的看著白居易，有時還會發出一些叫聲，似乎在向白居易打招呼。白居易見那麼多可愛的猿猴陪伴著他，也開心的問候牠們：「請各位多多指教，以後我們就是鄰居了喔！」

就這樣，白居易又開始動手打造他的夢想。過了一段日子後，房子終於蓋好了，一切都打點得差不多時，白居易左看看，

右看看，有點疑惑的說：「不知道是怎麼了，總覺得少了一樣東西！」

此時白居易的妻子楊氏正要來找白居易，當她見到眼前的景物時，不禁讚嘆說：「哇！這個地方彷彿是古人常說的仙境，要是屋子前面還有一座池子的話，那一定會更完美！」

白居易聽了妻子的話，恍然大悟說：「對了，就是少了一座池子！」

楊氏雖然不知道白居易在高興什麼，但她緊接著說：「如果屋前有一座池子，並在裡頭養魚和種蓮花，一定能為生活增加許多樂趣。尤其是每當微風吹起，池面泛起一圈圈漣漪，小小的浮萍四處漂流，茂盛的荷葉下還有紅色的鯉魚自由自在的游來游去，水面上也有一朵朵美麗的白色蓮花，那該有多好啊！」

白居易靜靜的聽著妻子的話，然後就照著她的願望在屋前新開一座池子，並在裡頭養魚和種蓮花。等到一切都完成後，白居易便把楊氏帶來，讓她看看這個她夢想中的池子。楊氏非常喜歡這座池子，後來這座池子就成了白居易和楊氏最喜愛的地方，名為「白家池」，兩人常一同在湖邊欣賞美景、唱歌吟詩。白居易偶爾會在池中泛舟，所以當白家池上出現一葉扁舟，舟上放著一壺酒，裡頭還坐著一個悠閒的人，這個人肯定就是白居易了！

每當坐在自己辛苦搭建的小屋裡，白居易總是高興的想著：「這裡真是個可愛的地方啊！瀑布從我身旁飛過，恰巧可以洗滌我被塵埃堵塞已久的耳朵；池塘石階下的白色蓮花，正好可以清潔我長久以來被俗事矇蔽的雙眼。我要左手拿起我最愛喝的

酒，右手拿起我最擅長的琴，自由自在的在這裡終老一生。」

這裡就是白居易作品中常常提到的「盧山草堂」，雖然後來白居易又到其他地方當官，可是每次一經過這裡，他還是會再繞回來看看這個由他一手搭建的草堂。之後，白居易任忠州刺史時，曾經重新修建自己居住的新昌宅；分司洛陽時，他也把在洛陽的履道宅修葺了一番。白居易就像專業的建築設計師，這裡修修，那裡補補，仔細規畫所有的地方，連一丁點的地方都不放過。每個住宅在經過白居易的整理修建後，就會從一無所有變成樣樣齊全。白居易還曾經得意洋洋的說：「上天把擁有美景的機會賞賜給愛山水的人，而我就是此人啊！」白居易就是一個會欣賞美感，而且能夠創造美感的「生活大師」！

7

詩文創作成就高

唯歌民病合時事
── 詩文主張

　　白居易會留名青史，最大的原因在於他寫了許多讓古今中外的人都稱讚不已的好詩文。「文章合為時而著，歌詩合為事而作」，這是白居易最有名的詩文主張之一。他認為寫作詩文必須能夠適時，而且合理的反映出社會的問題和人民的需求，如果不能做到這樣，就不能稱得上是好詩文。所以每當他翻閱一些時人所寫的詩文，總是不免搖頭嘆氣說:「唉！現在的詩文不是用來奉承上位者，就是寫些細瑣小事，對國家人民都沒有幫助！其實寫作好的詩文並不難，最重要的是能合乎時事，指陳時弊，而且必

須是有感而發，不能憑空捏造，歪曲事實。這樣一來，才能教化百姓，反映民情，也才算是好的詩文！」

白居易創作詩文一定遵守此一原則，〈新樂府〉和〈秦中吟〉就是此類詩歌的代表作。白居易把反映生民疾苦，奉為詩人的崇高使命，所以「唯歌生民病」成了白居易詩歌的主要內容。

白居易創作詩歌時，最注重詩歌中是否有真感情，因為白居易最討厭的就是虛情假意的文章。在當時，有很多人都以白居易的詩歌作為學習的典範，但卻很少有人知道白居易是如何創作許多好詩。曾經有一位年輕的文人因為要應考科舉，而來拜訪白居易。雖然他也以白居易的詩作為學習的對象，但他的詩就是怎麼也寫不好，所以這位年輕文人

就問白居易說：「白大人，請您告訴我，要怎樣才能把詩寫好呢？」

白居易對登門請教的文人向來十分客氣，而且也不吝惜告訴他們寫作方法。因為白居易當時正好在整理花圃，所以他就問了那位文人：「這位公子，你真的有用『心』在寫詩嗎？」

文人不多加考慮就回答：「當然啦！我向來是很用心在寫詩啊！」

白居易順手指著一株植物說：「年輕人，你覺得植物要怎樣才能種得好呢？」

文人聽了白居易的話後，只覺得一頭霧水，然後說：「很簡單啊！植物要種得好，必須要先讓它的根扎穩，才能長出堅韌的苗芽，之後還要時常的澆水和照顧，它才能開出美麗的花朵，並且結出豐碩的果實。但是……這和寫詩有什麼關係呢？」

　　白居易微笑的看著文人，然後認真的說：「怎麼會沒有關係呢？你仔細看看這株植物！根基穩固的植物才能存活，同樣的，情感充實豐沛的詩才是有生命的詩，所以情感是詩的根本，一個人如果沒有『真心』，又怎麼能寫出好詩呢？再來，詩的文字就像是植物的苗芽，苗芽會長成大樹，如果你的詩用語豐富，才能發展成一篇充實的文章。植物茁壯後還要開花才能變美麗，而詩的聲調就像植物的花朵，如果詩的聲調鏗鏘清脆，自然會引人注意，容易琅琅上口。最後，植物必須結出豐碩的果實，不結果的植物對人們並沒有實質上的幫助，而詩中所寄寓的重要意旨就像是植物的果實，如果這首詩沒有深刻的意義，對社會人民起不了作用，那麼它就不是一首好詩。所以『詩者，根情，苗言，

花聲，實義』，少了其中一項，就不能成為好詩。」

文人聽了以後，恍然大悟的說:「原來寫詩的學問這麼簡單，但是我卻從來不知道，實在是太慚愧了!」

文人連忙答謝白居易，然後信心滿滿的走出白府。不久後，他果真中了科舉，說起來也要歸功於白居易!

白居易之所以那麼注重詩歌的創作，主要是因為白居易認為詩歌能傳達人的內心情感，所以他建議政府要以詩歌反映出來的問題來補察時政，並且根據人民的意願，改良施政措施，這樣才能維護政治社會的長久安定，對國家和人民都有助益。

老嫗都解童子吟
── 詩歌特色

白居易作詩十分用心，從有

靈感開始，到完成一首詩，每一個細節都是白居易苦心構思所得來的，因此，要寫一首好詩，必須花費白居易很多的心力。有一次，白居易剛完成一首詩，但他卻不是很滿意，於是他就隨手把詩擱在書房桌上，先出門辦事了。

過了一會兒，打掃書房的劉媽來了。劉媽雖然已年近六十，但因為長年待在白家，常聽白居易和其他文人一起吟詩作對，所以也略懂一些詩文。她把詩拿來讀了一下，然後說：「真奇怪，這個地方我怎麼看都看不懂！」

此時白居易正好辦完事回來了，他剛踏進書房，就聽見劉媽的話，於是向劉媽說：「劉媽，妳剛才說的話我全都聽見了！妳說詩的哪裡有問題啊？」

劉媽以為白居易要責罵她，所以嚇得渾身發抖，低著頭說：

「大人，小的只是隨口說說，請大人原諒小的，我一定不敢再犯了！」

白居易一見劉媽嚇成這樣，趕緊對劉媽說：「劉媽，妳誤會了！我並沒有要罵妳的意思！我只是想請教妳這首詩哪裡有問題，因為我也覺得不滿意，可不可以請妳告訴我是哪個地方讓妳看不懂啊？」

劉媽聽到白居易的話後，才停止發抖，緩緩抬起頭來，把不懂的地方指了出來，而劉媽所指的地方，正是白居易感覺不滿意的地方，白居易見狀說：「我想的果然沒錯，問題就出在這裡。謝謝妳，劉媽，等我改好了再請妳幫我看看！」

白居易記下劉媽指出的地方，然後回到房間，慢慢思索起來，過了好一會兒才修改好。白居易又拿給劉媽看，但是劉媽依

舊不懂，白居易也感到不滿意，他說：「的確是不好，我應該再思考一下！」

就這樣，白居易把詩作一改再改，等到他滿意了，才拿給劉媽看，直到劉媽懂得詩中要表達的意思，白居易這才停止了修改的工作。這樣陸陸續續的修改，花了白居易將近一個月的時間，可是白居易並沒有因此而感到浪費時間，因為把詩寫得明白通達，讓讀者可以體會詩中的意義，這才是白居易寫詩最重要的目的。

又有一次，白居易經過一處學堂，聽見學堂內有人在吟誦他的詩，於是，白居易便靠近去看看學堂內的情形。只見老夫子正臉紅脖子粗的對一位學生發脾氣說：「這些都是白居易大人有名的詩歌，你怎麼都學不會呢？你真是太不用功了！」

　　這個學生不好意思的搔搔頭，然後害羞的說：「夫子，並不是我不認真，只是這首詩中有一些字詞實在很難，我才會搞不懂詩中的涵義。」

　　白居易看見這種情形，就走進學堂內，很有禮貌的說：「這位夫子，無故來打擾您，實在很對不起，我就是這首詩的作者。應該是我的詩寫得有問題，所以這孩子才會不懂，您就別再責備這個孩子了。」

　　大家一看到大詩人白居易竟然出現在自己眼前，每個人都瞠目結舌。此時白居易轉過身來問那孩子說：「孩子，可以請你告訴我哪些地方讓你看不懂嗎？」

　　這位學生雖然覺得很震驚，還是把自己不懂的地方一一告訴白居易。

　　白居易聽完了他的話後，很恭敬的回答說：「孩子，謝謝你告

訴我詩中的問題，我回去修改，等我修改完後再拿來給你讀讀看！」

白居易回去後就開始修改他的詩，隔天早上，他就把修改後的詩拿給那個學生看，學生看過後對詩義一目暸然，連老夫子都稱讚說：「不愧是大詩人，詩作修改後不僅變得更加淺白易懂，連詩境都更上一層樓！」

大家都說白居易的詩歌是「老嫗都解童子吟」，連老婦人和六、七歲的童子對白居易的詩歌都能琅琅上口，所以淺白易讀就成為白居易詩歌的最大特色。

花開貴富百姓窮
—— 創作諷諭詩

在白居易全部的詩作中，他最重視的是諷諭詩，白居易的諷諭詩多作於擔任左拾遺時期，可以〈秦中吟〉為代表。〈秦中

吟〉十首作於貞元、元和之際，當時白居易正在長安任官，他將自己的所見所聞，和許多令人感到悲傷的事都用詩歌記錄下來，對上層的執政者和廣大的人民發揮了警惕和勸告的效用。

〈秦中吟〉的第十首〈買花〉是白居易用來諷刺當時富貴人家爭相買牡丹花的情形。因為牡丹花不僅漂亮，還代表富貴的意思，所以在朝廷和民間都興起一股買牡丹花的風氣，一旦有新品種的牡丹花上市，就可以看見富貴人家爭先恐後搶購牡丹花的情形，富貴人家都把買牡丹花當成是一種流行，大家常常為了要搶購最名貴的牡丹花而大吵。某

黑白開講

老白：「諷諭詩是指用委婉的語氣寫詩勸告他人，讓人明白做人處事的道理。白居易的諷諭詩多作於擔任左拾遺時期，這些詩的內容包括對君王的勸戒、對權豪富貴者的批評，還有對一般老百姓的關懷，白居易的諷諭詩每首都是膾炙人口的佳作。」

天，街上又發生了同樣的事情。一位戴著金銀珠寶，穿著華麗的胖婦人，和另一位自稱是大官派來，長相醜陋的瘦男人，正為了要買一朵新品種的牡丹花爭得不可開交。

胖婦人故意把手指上的珠寶戒指抬得高高的，然後大聲向賣花的攤販說：「我願意花十倍的價錢把這朵牡丹花買下，你趕快幫我把花送到家裡！」

這時候醜陋的瘦男人卻說：「我願意花二十倍的價錢把這朵牡丹花買下，所以你應該把花賣給我！」

胖婦人不甘示弱，馬上又喊出：「我可以出三十倍的價錢，把花賣給我！」

瘦男人則是大聲喊著：「我可以出四十倍的價錢，把花賣給我！」

就這樣，兩人此起彼落的喊

價，弄得小販不知道要把花賣給誰，市場上的人都紛紛圍過來看。此時，一位種田的老翁恰巧經過市場，他看見富貴人家爭相買花的情形，面露一副無奈的表情，喃喃自語的說：「唉！同樣是辛苦栽培出來的作物，我們種的那些可以讓人填飽肚子的穀物，在這些人的眼裡看起來是一文不值；但他們卻願意花大把銀子買這些豔麗卻容易凋謝的牡丹花，我們窮人實在很難理解他們富貴人家的想法。」

白居易不僅看到了爭相買牡丹花的情形，也聽到了老農民的埋怨。白居易走在老農民的後面，不知不覺，他竟然就跟著那位老農民走到了家門口。白居易看到老農民的住處家徒四壁，家中還有一個餓得面黃肌瘦的老婆婆，低聲叫喊說：「老伴啊！我好餓喔！你有沒有帶什麼吃的東西

回來呀？」

老農民緩慢的把買來的一顆饅頭分成兩份，和老婆婆一同吃饅頭當午餐。白居易看到這種情形，心中頓覺無限辛酸。他默默的走回家，回程中，那兩個爭著買花的人依舊在市集上喧鬧不已，白居易看到這種情形十分氣憤，他再也壓抑不住心中熊熊的怒火了，他指著那些搶購牡丹花的人，大聲訓斥說：「你們貴為大戶人家，難道都不知道，一束牡丹花的價錢，可以讓多少戶窮人家得到溫飽？請大家睜大眼睛看清楚，貧窮人的生命難道就不如一朵紅豔的牡丹花嗎？」

原本要買花的胖婦人和瘦男人，被白居易說得羞愧不已，再也不敢喊價了，都悄悄的掩面離去。白居易回到家後，就將發生的一切事情和他悲慟的心情都記錄在他的〈買花〉詩中。

　　白居易的諷諭詩往往帶有很強的批評意味，但他的用意不是在攻擊他人，而是希望朝廷能看見民間的苦痛和社會的弊端，這樣才能徹底解決民生疾苦的問題。所以白居易用詩歌在人民和朝廷之間搭起了溝通的橋梁，造福了百姓和社會。

傳誦千古的佳作

邊功未立生人怨
——〈新豐折臂翁〉

　　天寶末年宰相楊國忠為了向皇帝邀功，出兵征伐南詔王，卻不幸在瀘水全軍覆沒。有一個人雖然幸運逃過此劫，但也付出了慘痛的代價。他的故事就被記錄在白居易的詩歌中，白居易稱他為「新豐折臂翁」。

　　故事是這樣的，話說有一天下午，熱鬧的市集上，出現一個駝背老翁的身影，身旁還有兩個稚幼的小孩正攙扶著他步履蹣跚的走來……

　　這個老翁看起來十分特別，他的左臂靠著孩子的肩膀，右臂則是隨著步伐不停的左右劇烈晃動，身體的動作看起來極度不協

調。老翁靠近菜攤，想要挑幾把菜來當晚餐，但是他的手就是不聽使喚，到手的菜隨即又掉了一地，菜販熱心的幫老翁挑了幾把青翠的蔬菜，並問老翁說：「老爺爺，您的手是怎麼了？」

老翁不停的搖頭嘆氣，然後張著滿口缺牙的嘴，用緩慢的語氣將過去的事一五一十的說出來：「我今年已經八十八歲了！這隻手臂是因為戰爭而折斷的！」

正當老翁在細說他的往事時，不知不覺中，老翁的身邊開始圍繞起重重的人群，人群中傳出一陣責罵聲說：「戰爭？那麼說你的手臂是被敵人打廢的嗎？這些人實在是太可惡了！」

老翁急忙搖頭爭辯說：「不是的，不是這樣的！我的手是自己折斷的！」

大家一臉疑惑的看著老翁說：「自己折斷的？怎麼可能呢？」

老翁又嘆了一口更深更長的氣說：「這件事情說來話長啊！我年輕時住在新豐縣，當時宰相為了向皇上邀功，於是提出了出兵南詔的意見，想不到皇上竟然答應了，還立即向民間徵兵。當時家中有三個男丁的，就必須派遣一人到相隔萬里的沙場去戰鬥。可是上戰場的人沒有一人活著回來，所以每到徵兵的時候，街頭巷尾就會響起一片哀嚎，兒子要拜別爹娘，丈夫要告別妻子，大家都陷入生離死別的痛苦中。那時我二十四歲，兵部徵人點到了我的名字，我害怕得不知如何是好。為了要保住一條小命，只好利用夜深人靜時，偷偷拿起一顆大石頭往自己的右手臂上一砸，喀嚓！我的手臂就這樣筋骨全斷了，當時真是痛不欲生啊！我在家中昏死了七天七夜，好不容易才從鬼門關裡逃了出來。從此以

後，雖然我的一隻手臂殘廢了，但卻不必再上戰場，也保住一條小命，安然過了六十多年。」

眾人都以憐憫的眼神看著老翁，還有人問說：「老爺爺，殘廢是一件痛苦的事，難道你從來不後悔嗎？」

老爺爺用溫暖的眼神看著身旁的兩個小孩子，突然開懷的笑了，他說：「雖然每逢風雨交加的夜晚，折臂處就會劇烈的疼痛，但我從來不後悔！因為忍住痛苦，才讓我免於作孤魂野鬼，也不用和家人分開。你看，旁邊這兩個小孩就是我的小玄孫，他們多麼可愛啊！我高興都來不及了，又怎麼會後悔呢！」

老翁說完話後，就帶著兩個小玄孫緩慢離開，消失在日落黃昏的街道上。現場只剩下一群男女老少交頭接耳的議論著剛才的事，而白居易正是其中之一。白

居易一心想：「唉！天寶時期的宰相楊國忠，藉著皇上的恩寵胡作非為，殘害了多少美滿的家庭！戰功都還未建立，就使無數的百姓產生怨憤，只要看一看新豐折臂老翁，就可以知道人民的怨氣有多深了！」

　　白居易為了要讓皇上知道戰爭給人民帶來多大的苦痛，便寫下這首〈新豐折臂翁〉，希望讓朝廷的官員都能以此為誡，不要再因此而招致民怨了！

小黑：「唉！老翁為保全性命而折斷手臂真是可憐啊！」

老白：「老翁的折臂行為雖然可憐，但是他為了逃避兵役，私自殘害身體的行為，不管在唐代還是現代，都是觸犯法律的喔！如果被發現了，還會被判刑抓去關呢！」

小黑：「哇！真可怕！還是不要任意殘害身體才是對的！對了！玄孫是第幾代的子孫啊？」

老白：「玄孫就是指曾孫的子女，由自身往下數，為第五代的子孫。」

小黑：「哇！老爺爺能與五代子孫共享天倫之樂，也算是幸福啊！」

此恨綿綿無絕期
——〈長恨歌〉

　　〈長恨歌〉作於憲宗元和元年（806年），白居易擔任盩厔縣尉時，因為盩厔地近楊貴妃被賜死的馬嵬坡，所以白居易利用閒暇時和朋友同遊此處，也有感而發作了〈長恨歌〉。當時會唱〈長恨歌〉的歌妓，身價皆因此而大漲。然而「長恨」詩中恨的到底是什麼呢？現在就讓我們一起來探索這段淒美動人的愛情故事吧！

　　話說天寶年間，唐玄宗沉溺

黑白開講

　　老白：「傳說有一位使者想找歌妓在宴會上唱歌娛賓，可是不管他看了誰都覺得不滿意，忽然有一位歌妓自我推薦說：『大人，我會唱白居易大人的〈長恨歌〉，我和其他歌妓不一樣！』使者聽了後馬上點頭說：『真的嗎？太好了，那妳就是最佳人選了！』從此以後，每個歌妓都爭相要學白居易的〈長恨歌〉，而會唱〈長恨歌〉的歌妓也因此而身價大漲！」
　　小黑：「哇！原來白居易的詩會讓人身價大漲，真是太神奇了！我想如果我把〈長恨歌〉背一次給老師聽，老師也一定會對我刮目相看！」

於美色，下令各地官府選派姿色美豔的妙齡少女呈獻給朝廷。當時很多大戶人家都急忙把自己的女兒打扮得漂漂亮亮，期待能被選中。此時，東村的楊家也有一個初長成的少女，名叫玉環，她既不喜歡戴華麗的珠寶，也不塗抹豔麗的胭脂，對於選妃之事，她一點兒都不在意。

這時官府的挑選官來了，他們大聲斥喝說：「家中有十五、六歲少女的，明天中午都要帶來這裡讓我挑選，違者重罰！」

大戶人家的女兒都盛裝打扮按時出席，唯有玉環遲到了。她原本想混入人群中，藉此避開挑選官的注意，然而眼尖的挑選官此時卻大聲的叫住她：「那個遲到的女孩，給我站到最前面來！」

玉環心想：「糟糕，一定要被罵了！」

於是玉環只好心不甘情不願

的走到最前面。

　　想不到此時挑選官卻說：「美極了！美極了！即使沒有打扮，還是無法遮掩她美麗的容貌和高貴的氣質！就是妳了！皇上看了一定會十分喜愛的。」

　　從此以後，玉環就變成皇上身旁最受寵的妃子，大家都稱她「楊貴妃」。

　　說起她的美，可不是能簡單形容的。每次只要她回眸一笑，那種千嬌百媚的姿態就使當時在場的佳麗頓時失色。每當她在華清池裡沐浴時，更可見到她雪白柔嫩的肌膚。當宮女要將她從池中扶起時，她全身嬌弱無力的樣子，更把皇上迷得神魂顛倒。皇上已經不能一天沒有她了！

　　皇上天天和楊貴妃一起遊玩賞樂，根本忘了還有國家大事要處理，甚至連早朝都不去了，這讓朝廷百官十分憂心。而楊貴妃

不僅集三千寵愛於一身，連她的兄弟姐妹也因此得到高官厚祿，顯赫一時，當時天下人因為看見楊貴妃的受寵，都直覺的認為生女兒比生男孩有用多了。

由於皇上終日荒廢國事，導致朝中小人當道，邊地則有藩鎮割據，戰爭終於爆發了！城裡城外到處都是煙火漫天，皇上徹夜被人護送出宮，當然還帶走了他最喜愛的楊貴妃。只是路才趕了一半，大隊人馬就停在馬嵬坡前不走了，大家開始喧譁吵鬧:「我們都不要走了！今天會變成這種局面，完全是因皇上太寵愛楊貴妃以致荒廢國事，才會發生這種不可收拾的災禍，所以皇上如果不賜死楊貴妃這個紅顏禍水，我們就不走了，我們就和皇上一起同歸於盡好了！」

皇上無法制止大家的喧鬧，又無法讓大軍繼續前進，只好無

奈的賜死楊貴妃。貴妃不停的掙扎，以致首飾散落一地，最終還是難逃一死。當貴妃一死，大批軍隊馬上啟程，而皇上卻暗自掩面哭泣：「玉環啊！玉環啊！都是朕害死了妳呀！」

不久後，戰事獲得平定，但皇上仍是鬱鬱寡歡，日日夜夜都想著楊貴妃，想到頭髮都發白了。此時，有一個道士來求見皇上：「皇上，小人有通天入地的招魂本領，可以幫皇上找到死去的貴妃娘娘！」

道士找遍了各個仙境，終於在仙山找到楊貴妃的魂魄。誰知貴妃卻對道士不理不睬，她說：「你說是皇上派你來的，我才不相信呢！皇上早已忘了我這個死去的貴妃，怎麼還有可能叫你來找我呢？」

道士趕緊說：「貴妃娘娘，妳千萬別這麼說啊！皇上每天都深

情的望著妳留下來的一些首飾和衣物，而且還想妳想到頭髮都發白了，身體也一天比一天虛弱，皇上對妳是真心的啊！」

　　貴妃起初還不原諒皇上，後來道士將皇上對貴妃的思念鉅細靡遺的描述出來，貴妃才被皇上的真心所感動，於是囑咐道士說：「其實我也很想念皇上！麻煩你幫我轉告皇上，請他別忘了七月七日當夜，我們在長生殿一起許下的誓言：『在天願作比翼鳥，在地願作連理枝』，我會永遠記得皇上，而且還會在這裡等他，就請他別再傷心了！」

黑白開講

小黑：「為什麼情人都會說：『在天願作比翼鳥，在地願為連理枝』呢？難道變成鳥和樹枝就能永保愛情長久嗎？」
老白：「不是的！比翼鳥是指雄雌相伴而飛的鳥；連理枝是指兩棵不同根的樹，枝幹交織在一起。不管是比翼鳥還是連理枝，都代表著永不分離的意思。」
小黑：「真的嗎？等到七夕情人節當天，我也要這樣對我的情人說，一定很浪漫！」

　　道士將貴妃的話傳達給皇上，皇上聽了感動不已。不久，皇上就安詳的去世了，和貴妃在仙山相會，一同過著幸福美滿的日子！

　　白居易聽了這個故事後，感嘆說:「唉！天長地久都有窮盡的時候，但是悲情的怨恨卻是永遠不會消失的！」

　　因為皇上任人不當以致奸人當道，使所有老百姓飽受戰爭的摧殘，而皇上和貴妃的情愛也成了永難彌補的缺憾，後代的君王又怎能不以此為借鑒，更加用心治理國家呢？

江州司馬青衫溼
──〈琵琶行〉

　　〈琵琶行〉作於元和十一年（816年）秋天，當時白居易正擔任江州司馬。這篇詩歌是記錄白居易送客到溢浦江口時，遇見一位

琵琶女，接著又引發一連串感人落淚的故事。為什麼琵琶女和白居易會「同是天涯淪落人」呢？而白居易又如何會「江州司馬青衫溼」呢？就讓我們來一探究竟吧！

元和十一年，某個微涼的秋夜，白居易在湓浦江口和朋友分離，正當他們彼此依依不捨的互道珍重時，忽然聽見遠方船中傳來一陣悅耳動聽的琵琶聲。此時，一旁的友人對白居易說：「樂天兄，你是否有聽見琵琶聲呢？」

「有啊！好像是從船上發出來的，而且聽那鏗鏘清脆的絃聲，好像是京城流行的調子。我們到船上去瞧瞧吧！」

來到音樂的發聲處，只見船上坐著一個女子，抱著琵琶遮著半邊的臉蛋在演奏歌曲。白居易向前詢問：「這位姑娘，請問妳是從哪來的，妳彈奏的樂曲中為何

有京城流行的調子呢？」

琵琶女聽到白居易的話後，一邊彈奏樂曲，一邊娓娓道出自己悲苦的身世：「我本是京城的歌女，家住蝦蟆陵下，十三歲就彈得一手好琵琶，當時在宮中排名第一，許多人都非常嫉妒我的容顏和曲藝。常有一大群富家子弟爭相要送我財物，我也從不珍惜這些財物，常常把他們送我的高貴梳子用來打拍子，一不小心打碎了，就隨手把它扔了，反正很快就會有人送我更新、更美的；又把他們送我的珍貴布料作成衣裙，即使被潑灑出來的酒弄髒了，我也不會在意，反正家中還堆放了許多更華麗的布匹。就這樣年復一年，日復一日，珍貴的日子就被我隨便浪費掉了。」

白居易皺著眉頭說：「聽起來妳有一段很風光的過往，為什麼現在妳會淪落到這裡呢？」

　　琵琶女隨手撥了兩下琵琶，然後低頭繼續說：「當我在受盡寵愛時，也沒有預料會有今日的下場啊！因為後來我的弟弟被徵召去戰場，從此一去不回；和我相依為命的阿姨又不幸染病，命喪黃泉！日子一天天過去，我的容貌漸漸衰老，那些富家子弟再也不來找我了，我也只好無奈的下嫁商人了！」

　　白居易的朋友接著問：「商人應該都很有錢，肯定會讓妳過好日子，妳又何必憂傷呢？」

　　琵琶女搖搖頭，用琵琶掩面哭泣說：「我當初也是這麼想的，誰知我的命不好，遇到一個把錢看得比我還重要的人，根本沒把我放在心上，前些日子他剛去浮梁買茶葉，我每天都在江口守著這艘空蕩蕩的船，苦苦等待他回來，陪伴我的只有一輪明月和淒寒的江水而已！等著等著，不小

心睡著了，還夢到以往歡樂的日子，一覺醒來才知是夢，讓我更加心碎，連妝都哭花了，就是不見他身影。」

在場的人聽了琵琶女的故事後，不禁感傷落淚，白居易也感受頗深的說：「唉！聽到琵琶的聲音就已經令人難過得無法忍受了，現在又聽到這番話，叫我怎麼能忍住滿眶熱淚呢！我和妳同是遭人離棄，淪落在天涯一角的人，儘管並不熟識，但相見就是有緣，又何必一定要是深交的朋友呢？就請妳再奏一曲吧！」

琵琶女被白居易的話感動了，退回原來的地方，再次彈起琵琶，雖然樂曲已沒有剛才那樣悲傷，但是座上的聽眾一聽到琵琶聲還是忍不住落下淚來。你們猜，誰哭得最悲慘呢？就是那位穿著青色官服，被貶為江州司馬的白居易呀！

　　因為琵琶女的淒涼身世讓白居易聯想起自己的政治遭遇，又怎能不有「同是天涯淪落人」的愁恨呢！後來為了紀念白居易的〈琵琶行〉，江州人民就在那一帶建立了琵琶亭，而此處也成為當地的旅遊名勝。

小黑：「為什麼白居易那麼喜歡穿青色的衣服呢？紫色不是更漂亮嗎？」

老白：「古代的官位可以從衣服的顏色來辨認喔！官位較高的人大多穿紫色和紅色，官位較低的人則是穿綠色或青色，不可以隨便亂穿！白居易任江州司馬因為官位較卑微，所以他只能穿青色的官服，即使紫色再漂亮，他也不能穿！」

小黑：「原來古代連官服的規定都如此嚴格，但是現代人說『紅的美豔，黑的大方』，所以我還是比較喜歡黑色，看起來也帥氣十足！」

名播中外的
偉大詩人

　　白居易雖然在仕途上無法實現他偉大的抱負，但在文壇上，他的作品卻是廣為流傳，受到大家的好評。白居易還沒到中年，就已經成為一位家喻戶曉的大詩人。憲宗元和十年（815 年），白居易四十四歲，當時他被貶為江州司馬，在從長安到江西的路上，因為會經過一位好友的住處，所以白居易就順道去拜訪，而朋友也因為白居易的到訪而準備了一席豐盛的酒宴，並請來一群歌妓助興。想不到這群歌妓一上場，白居易就聽到好像有女孩子的聲音在說著他的名字，白居易心想：「應該是我聽錯了吧！這裡離京城那麼遙遠，怎麼可能會有人知道我的名字呢！」

　　過了一會兒後，他又聽到那

群歌妓在竊竊私語:「妳們趕快看,這位大人就是作〈秦中吟〉和〈長恨歌〉的大詩人白居易啊!今日能在此地見到他的真面目,真是三生有幸!」

另一位歌妓也說:「對啊!對啊!我最喜歡〈長恨歌〉中的『天長地久有時盡,此恨綿綿無絕期』這句話了。原來寫出這首好詩的人就是他啊!」

白居易這次真的確定了,這群歌妓在談論的人正是自己。白居易心想:「大概是朋友之前有和她們提過我的詩,所以她們才會認識我這個人。這應該是湊巧吧!」

後來白居易也不以為意,在酒宴結束後,他又繼續趕路了。可是令他感到驚訝的事還在後頭,因為從長安到江西三四千里的路程中,沿路上不論經過鄉間學校、旅館,還是偏僻的寺廟、

港口，他都聽見有人在吟誦他的詩，而且不管是讀書人、和尚，還是一些婦人和小孩，都能將他的詩琅琅上口，白居易怎樣也想不到自己的詩竟然流傳得這麼廣。但他並沒有因此而自負，反而更加砥礪自己：「沒想到我的詩竟然能傳到這麼遠的地方來，我以後寫詩一定要更加細心，不然出了錯，可是會讓天下人笑話的！」

因為有這份決心，白居易努力使自己的詩藝邁向更高峰，就連遠在海外的朝鮮和日本，都有人搶購白居易的詩文，當地的商人甚至還把白居易的詩賣給當地的政府或文人，聽說價錢還十分高昂呢！

白居易七十四歲時為自己的詩文總集作了後記，共五本七十五卷，有詩三千八百四十首，在唐朝詩歌史上可算是名列前茅

的，其中有許多還是傳誦千古的佳作！

白居易晚年在家中度過了一段悠閒的日子，武宗會昌六年（846年）八月，白居易在家中安詳的去世，享年七十五歲。白居易生前曾說過：「等我死後，只要在我的墳墓前立一座石碑，再刻上我寫的〈醉吟先生傳〉就可以了！」所以家人就遵照白居易的遺言將他安葬於洛陽龍門山，而且皇上也寫了詩悼念白居易。從此以後，龍門山成為文人及百姓來洛陽時的必到之處。

有一天，一位文人帶著他的孩子來到白居易的墓前祭拜，小孩看見墓地四周都灑滿了酒，滿是疑惑，於是問父親說：「爹爹，這裡的人怎麼都這麼浪費，把可以喝的酒灑了滿地？」

文人笑著對身旁的孩子說：「傻孩子，你誤會了！因為白大

人生前很喜歡喝酒，所以每次有人來這裡祭拜他時，就會在他墳前的泥土上灑酒，這也是對白大人的一種尊敬之意！」

孩子接著又說：「怎麼可能呢？這墳前的泥土明明還是溼的，就像是剛灑上去的啊！」

文人這次笑得更大聲了，他對孩子說：「怎麼不可能呢！白大人生前對百姓很好，而且還寫了許多好詩，很多人都非常景仰他，所以白大人墓前的泥土從來沒有乾過，永遠是溼漉漉的一片。」

孩子這才停止追問，並用尊敬的眼神望著白居易的墓碑。

白居易對家人的情義，還有無怨無悔的為百姓謀求福利的態度，上自威權顯赫的皇上，下至貧賤無名的老百姓，都深受感動。而他的詩不僅傳遍了當時的大街小巷，連後來的文人也把他

的詩當成是學習的榜樣，所以白居易的詩不管是在幾百年、甚至是幾千年後，都會被愛好詩歌的人吟詠不已！所以即使白居易已經不在了，但他偉大的精神將會在人們的心中永遠留存。

772 年	出生。
780 年	九歲時已懂得作詩要如何押韻才能琅琅上口。
791 年	小弟白幼美病逝。
794 年	父親過世。
800 年	考中進士,是同榜考上的十七人中年齡最小的。
802 年	通過吏部考試。
806 年	寫成〈長恨歌〉。
809 年	與好友楊汝士的妹妹結婚。同年,長女金鑾子出生,卻不幸於三歲夭折。
811 年	母親投井自盡。
815 年	因「武元衡事件」直諫而被當權者所惡,被貶為江州司馬。
816 年	作〈琵琶行〉。
817 年	次女羅子出生。
818 年	轉任忠州刺史。
822 年	請求朝廷將他外調到杭州當刺史。

825 年　　任蘇州刺史。

829 年　　兒子出生，不久即夭折。

831 年　　因好友元稹去世而作〈哭微之〉詩及〈祭微之〉文，並為其
　　　　　撰寫墓誌銘。

842 年　　劉禹錫去世，白居易再次遭受摯友死亡的打擊。

843 年　　以刑部尚書致仕。

846 年　　去世。

獻給孩子們的禮物

「世紀人物100」

訴說一百位中外人物的故事

是三民書局獻給孩子們最好的禮物！

◆ 不刻意美化、神化傳主，使「世紀人物」
　更易於親近。

◆ 嚴謹考證史實，傳遞最正確的資訊。

◆ 文字親切活潑，貼近孩子們的語言。

◆ 突破傳統的創作角度切入，讓孩子們認識
　不一樣的「世紀人物」。

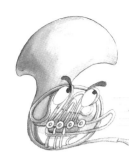

音樂家系列

沒有音樂的世界，我們失去的是夢想和希望……

每一個跳動音符的背後，到底隱藏了什麼樣的淚水和歡笑？
且看十位音樂大師，如何譜出心裡的風景……

ET的第一次接觸——巴哈的音樂
吹奏魔笛的天使——音樂神童莫札特
永不屈服的巨人——樂聖貝多芬
愛唱歌的小蘑菇——歌曲大王舒伯特
遠離祖國的波蘭孤兒——鋼琴詩人蕭邦
義大利之聲——歌劇英雄威爾第
那藍色的、圓圓的雨滴——華爾滋國王小約翰・史特勞斯
讓天鵝跳芭蕾舞——最最俄國的柴可夫斯基
再見，新世界——愛故鄉的德弗乍克
咪咪蝴蝶茉莉花——用歌劇訴說愛的普契尼

由知名作家簡宛女士主編，邀集海內外傑出作家
與音樂工作者共同執筆。平易流暢的文字，活潑
生動的插畫，帶領小讀者們與音樂大師一同悲
喜，靜靜聆聽……

兒童文學叢書

第 1 次系列

生命不能重來，童年盒法NG

提供孩子生活所需的智慧維他命，
與孩子共享生命中的成長初體驗！

國家圖書館出版品預行編目資料

樂天詩雄：白居易 / 高莉莉著;王平繪.－－初版二刷.
－－臺北市：三民，2009
面；　　公分.－－(兒童文學叢書 / 世紀人物100)

ISBN 978-957-14-4659-2　(平裝)

1.(唐)白居易－傳記－通俗作品

782.8418　　　　　　　　　　　　　96004837

© 　樂天詩雄：白居易

著 作 人	高莉莉
主　　編	簡　宛
繪　　者	王　平
責任編輯	阮慧敏
美術設計	蔡季吟
發 行 人	劉振強
著作財產權人	三民書局股份有限公司
發 行 所	三民書局股份有限公司
	地址　臺北市復興北路386號
	電話　(02)25006600
	郵撥帳號　0009998-5
門 市 部	(復北店)臺北市復興北路386號
	(重南店)臺北市重慶南路一段61號
出版日期	初版一刷　2007年4月
	初版二刷　2009年4月
編　　號	S 781360

行政院新聞局登記證局版臺業字第〇二〇〇號

有著作權‧不准侵害

ISBN　978-957-14-4659-2　(平裝)